Aloir Pacini

Celebrações, exéquias e bênçãos

Manual para ministros

Aloir Pacini

Celebrações, exéquias e bênçãos

Manual para ministros

Paulinas

Dados Internacionais de Catalogação na Publicação (CIP)
(Câmara Brasileira do Livro, SP, Brasil)

Pacini, Aloir
    Celebrações, exéquias e bençãos : manual para ministros / Aloir Pacini.
-- São Paulo : Paulinas, 2017.

    ISBN: 978-85-356-4297-1

    1. Benção 2. Celebrações 3. Exéquias - Celebração litúrgica 4. Orações
5. Vida cristã I. Título.

17-03743   CDD-264.025

Índice para catálogo sistemático:

1. Celebrações, exérquias e bençãos : Cristianismo   264.025

Direção-geral: *Flávia Reginatto*
Editores responsáveis: *Vera Ivanise Bombonatto*
e Antonio Francisco Lelo
Copidesque: *Ana Cecilia Mari*
Coordenação de revisão: *Marina Mendonça*
Gerente de produção: *Felício Calegaro Neto*
Diagramação: *Jéssica Diniz Souza*

1ª edição – 2017
5ª reimpressão – 2025

Nenhuma parte desta obra poderá ser reproduzida ou transmitida
por qualquer forma e/ou quaisquer meios (eletrônico ou mecânico,
incluindo fotocópia e gravação) ou arquivada em qualquer sistema ou
banco de dados sem permissão escrita da Editora. Direitos reservados.

Paulinas

Rua Dona Inácia Uchoa, 62
04110-020 – São Paulo – SP (Brasil)
Tel.: (11) 2125-3500
paulinas.com.br – editora@paulinas.com.br
Telemarketing e SAC: 0800-7010081

© Pia Sociedade Filhas de São Paulo – São Paulo, 2017

SUMÁRIO

Cruz gloriosa	9
Apresentação	11
Introdução	13

I. CELEBRAÇÃO DA PALAVRA

1. Preparando a celebração	19
Roteiros de celebrações	21
Esquema do ano litúrgico	22
Refletindo e rezando a Palavra de Deus: a homilia	25
2. Celebrar a vida no Senhor	31
Rito de louvor no Tempo Comum	32
3. O louvor nos tempos litúrgicos	37
4. Celebração de bodas	43
Liturgia da Palavra	45
Renovação matrimonial	46
Rito da comunhão	50
Bênção final	51

II. CULTO DA EUCARISTIA FORA DA MISSA

5. Adoração ao Santíssimo: "O Pão que desceu do céu"	55
Liturgia da Palavra	57
Momento de oração e louvor	60
Rito de conclusão	63

6. Adoração ao Santíssimo: "Fazei que eu veja" 65
   Liturgia da Palavra 66
   Rito de conclusão 72

7. Rito da comunhão dos enfermos 75
   Liturgia da Palavra 76
   Rito de comunhão 77
   Bênção final 78

III. EXÉQUIAS

8. Pastoral da Esperança 81
   Organização e objetivos da Pastoral da Esperança 83
   Condições para o exercício da missão
   na Pastoral da Esperança 83
   Sete prioridades da Pastoral da Esperança: a missão 84
   Os 10 mandamentos da Pastoral da Esperança 85

9. Celebração de exéquias 91

10. Exéquias: crer firmemente 101
   Liturgia da Palavra 103
   Encomendação e despedida 107
   Bênção final 108
   Bênção da sepultura 109

11. Exéquias de consolo e esperança 113
   Liturgia da Palavra 114
   Encomendação e despedida 119
   Bênção final 120
   Bênção da sepultura 121

12. Exéquias de criança batizada — 123
   Liturgia da Palavra — 124
   Encomendação e despedida — 127

13. Celebração de exéquias simplificada — 129
   Liturgia da Palavra — 129
   Encomendação e despedida — 132
   Bênção da sepultura — 134

14. Exéquias de criança pequena não batizada — 137
   Liturgia da Palavra — 138
   Encomendação e despedida — 141
   Bênção da sepultura — 142

15. Exéquias de pessoas em situações de violência — 147
   Liturgia da Palavra — 150
   Encomendação e despedida — 160
   Bênção final — 161
   Bênção da sepultura — 162

16. O rosário por ocasião de um velório — 165
   Mistérios gozosos — 165
   Mistérios luminosos — 167
   Mistérios dolorosos — 170
   Mistérios gloriosos — 173
   Creio – Símbolo dos Apóstolos — 176
   Salve-Rainha — 176
   Invocação do Espírito Santo — 177
   Consagração a Nossa Senhora — 178

IV. BÊNÇÃOS

17. As bênçãos de Deus	183
Bênção do casal	183
Bênção de gestante	187
Bênção da casa	190
Bênção de crianças	193
Bibliografia	197

CRUZ GLORIOSA

Jesus, Mestre e Senhor, Alfa e Ômega da história – de todos os mundos criados e possíveis!

És o Filho bem-amado do Pai, doado por inteiro, gratuitamente, à humanidade.

És o Messias prometido há séculos – aquele que vem transformar todo mal em fontes de bênçãos.

Vens redimir – curar – ungir os corações feridos e fragilizados.

Tua cruz é árvore da vida, posta dentro dos muros da Jerusalém Celeste – um sinal permanente da grande força do amor de Deus por cada ser humano que pisa esta terra.

O mundo inteiro, holístico, expressa a tua presença, uma energia cósmica, libertadora, inundando como chamas do fogo do Espírito, irrigando como águas límpidas e fecundas dos rios nossas vidas circundadas pelo arco-íris, contínua memória nova e eterna aliança.

Estou aqui, em tua presença, Jesus, meu Mestre, para agradecer teu amor, as lições mais regeneradoras que partem do teu coração, que conhece profundamente a realidade dos corações humanos.

Grito, ó Bom Pastor, teu cajado é feito tronco que sustenta o teu corpo vivo – oferta ao Pai, entrega total.

Jesus, Esposo, Senhor Pantocrátor, trono das realidades divino-humanas, grande sinal de paz e unificação de todos os povos, abençoa a humanidade que te reconhece, te adora e bendiz. Amém!

Padre Aloir Pacini, sj

Contemplação para alcançar o amor e seguir amando...

"Jesus Cristo é a testemunha fiel, o primeiro a ressuscitar dentre os mortos, o soberado dos reis da terra" (Ap 1,5a). Deus ressuscitou Jesus Cristo e o glorificou. A partir de então, Jesus Cristo ressuscitado é a luz que nos guia rumo à casa do Pai. Com sua morte e ressurreição, Jesus venceu o pecado e a morte para com ele, também nós, vencermos todos os males deste mundo e sermos salvos por ele.

APRESENTAÇÃO

Queridos amigos e amados irmãos e irmãs em nosso Senhor Jesus Cristo. Apresento, a todos, com grande alegria, *Celebrações, exéquias e bênçãos*, este manual para ministros. Ele é fruto de uma caminhada construída de forma conjunta. Várias pessoas participaram desse processo, em geral, pessoas ligadas à pastoral que se identificam com esse serviço de animação e de caridade nas comunidades cristãs.

O livro procura expressar os anseios e sentimentos que tecem o coração do cristão que sabe o sentido da vida, da morte, da ressurreição e glorificação de Jesus, que ressuscitou por primeiro para abrir as portas da eternidade, quando diz, em João 11,25: "Eu sou a ressurreição. E quem crê em mim, ainda que passar pela morte, viverá", e em outra passagem: "No mundo tereis tribulações, mas tende coragem: eu venci o mundo!" (Jo 16,33). Ao mesmo tempo ele prepara as pessoas para o exercício dos queridos e preciosos ministérios, com os quais Jesus Cristo conforta e consola as pessoas envolvidas com a Páscoa de todos e a Páscoa de cada um. Cada um faz a sua Páscoa. Além disso, ajuda a rezar o mistério de nossa vida no nosso dia a dia e acompanha as pessoas durante a enfermidade, no período em que a pessoa passa pela "última hora" entre nós e, ainda, após o sepultamento dessa pessoa querida, que nos amou e a quem nós também amamos. Sentimos falta e saudades de quem se foi, mas a esperança no feliz encontro final é a certeza futura da fé à direita de Deus Pai – ponto de chegada para todo o que crê na ressurreição dos mortos.

Este manual, que serve de orientação e apoio para os ministros em suas celebrações e distribuição de bênçãos, também promove a solidariedade, especialmente, na última hora. Sabemos o quanto as pessoas, nessa hora de tanta sensibilidade, ficam expostas à grande exploração, sem qualquer escrúpulo. E a Pastoral da Esperança precisa ajudar as pessoas simples para que não sejam expropriadas. Portanto, uma pastoral, para ser completa, também prevê o cuidado eficaz aos que servem e são servidos. Assim, é importante organizar-se, em alguns casos, através do serviço funerário em forma de associação, como fazemos em nossa diocese. Dessa forma, além de preparar o corpo da pessoa e prestar serviço funerário completo, não se permite que as pessoas caiam nas armadilhas do grande negócio.

Desejo que este seja um serviço completamente de discípulos de Cristo, como o Bom Pastor que cuida das suas ovelhas, e peço aos céus que esses ministérios cristãos sejam cada vez mais eficazes em prol do melhor cuidado para com os que partem e para com os que ficam.

Dom Neri José Tondello
Bispo de Juína (MT)

INTRODUÇÃO

Este manual de celebrações, exéquias e bênçãos para os ministros nasceu nas reuniões formativas na região metropolitana de Cuiabá (MT), quando foram pedidos roteiros que facilitassem e, ao mesmo tempo, criassem certa unificação nos rituais para o exercício do ministério cristão, especialmente o não ordenado.

Quer-se facilitar a prática de bênçãos, das homilias e da condução das celebrações aos doentes, aos enlutados e àqueles que renovam seus votos de amor fraterno.

Prático e de simples manuseio, este manual enaltece a dignidade do ato a ser celebrado, podendo ser utilizado em diversas ocasiões e lugares, mantendo sempre um cuidado litúrgico, pois a Igreja celebra e vive da Palavra de Deus. Queremos oferecer instrumentos aos ministros não ordenados para as celebrações da Palavra, particularmente das exéquias, já que podem ser presididas por todo cristão que foi devidamente preparado. Assim, compreendemos o mistério de Cristo presente em todo batizado que se coloca a serviço da Igreja.

O que seria das comunidades se, na ausência do padre, elas não se reunissem regularmente para ouvir a Palavra de Deus e rezar em comum? Graças às celebrações da Palavra, as comunidades persistem e crescem na fé e no compromisso com Jesus Cristo e o seu Reino. As diferentes celebrações em torno da Palavra geram a vivacidade e o dinamismo na Igreja.

Importante é que os cristãos assumam a responsabilidade das celebrações, com o auxílio de Deus e dos padres disponíveis; com o auxílio de diáconos, missionários, catequistas, agentes de pastoral diversos, bem como de religiosos e religiosas consagrados. Assim, a liturgia se atualiza, torna-se mais popular, doméstica, espontânea... possibilitando maior participação e maior crescimento na fé.

Cristo espera cada um de nós com sua Palavra na reunião da comunidade, que é o Corpo de Cristo e sacramento de nossa comunhão com ele. Nada deve substituir as reuniões da comunidade de base, onde vivemos nossa fé. Toda vez que não participamos da celebração, é como se no corpo faltasse um pé, ou uma mão ou um ouvido etc.

Acompanhando a Pastoral da Esperança, constatamos o desafio de encontrar celebrações de exéquias adequadas que superem a teologia dualista, subjacente à maioria delas, e que respondam a uma antropologia que contemple a compreensão do ser humano com o avanço das ciências nos dias de hoje. Buscamos, assim, superar a dicotomia corpo-alma, para pensarmos o ser humano como corpo-psique-espírito, criado à imagem do Criador, que é Pai, Filho e Espírito Santo.

O caso é que a linguagem antiga cria problemas pastorais porque reforça mentalidades equivocadas relacionadas às almas que vagam pelo mundo. Diz Santo Tomás: "A alma [...] não é todo o homem, minha alma não sou eu [...] O homem resulta da união da alma com o corpo".[1] Dessa forma, nem o corpo nem a alma é todo o ser humano, mas sim é a união de corpo e alma que formam o ser humano. Contudo, o cuidado com o corpo humano tem a ver com a nossa experiência. Estamos impregnados dessa experiência de encarnação, que é única e cria a nossa identidade, a carregamos conosco para a eternidade. Assim, os "restos mortais" não são mais todas as dimensões do corpo da pessoa que faleceu. Unidos, num corpo glorificado, como diz São Paulo, é que ressuscitamos.

A partir das fontes bíblicas, a humanidade toda recordará o gesto do cuidado do corpo de Jesus.[2] São as mulheres – e Maria de Betânia com elas – que vão embalsamar o corpo de Jesus (Mc 16,1). Foi uma boa hora ou um bonito gesto (14,6), pois esse tipo de amor mostrado nas exéquias é eterno. O Ministro da Esperança faz como Maria, na unção em Betânia

---

[1] Disponível em: <http://www.corpusthomisticum.org/c1v.html>. Acesso em: 23/11/2016.

[2] MIRANDA, Evaristo Eduardo de. *Agora e na hora. Ritos de passagem à eternidade*. São Paulo, Loyola, 1996, p. 28.

(Mc 14,1-9): unge o corpo de Cristo para prepará-lo para a paixão, morte e ressurreição. Foi em Betânia também que Jesus fez Lázaro reviver para poder falar da ressurreição e ser compreendido (Jo 11,1). Em Betânia, Jesus ascendeu aos céus (Lc 24,50).

E agora, uma observação prática para os ministros: o que estiver em vermelho, nos roteiros de celebrações, não é para ser lido para o público, mas deve servir de orientação para o ministro ou leitor, pois se trata, em geral, de indicações para saber o que fazer nos momentos ritualizados e o que dizer nos momentos em que se está presidindo uma celebração.

CELEBRAÇÃO DA PALAVRA

O Concílio Vaticano II convoca todos os cristãos para tornar efetiva a obra de salvação de Cristo, que está presente pela sua Palavra, pois é

> Ele mesmo que fala quando se leem as Escrituras na Igreja. Está presente quando a Igreja ora e salmodia, ele que prometeu: Onde dois ou três estiverem reunidos em meu nome, aí estarei no meio deles (*Sacrosanctum Concilium*, n. 7).

O amor que une as pessoas em oração torna visível, palpável e manifesta a união de Jesus Cristo com o Pai, no Espírito Santo. A Palavra anunciada, ouvida e aceita na fé é a lembrança do mistério de Jesus Cristo: sua vida, sua morte e ressurreição, na qual participamos pela fé.

Em todos os tempos e lugares, a força da Palavra de Cristo nos atinge e nos modifica: cura os cegos, os surdos e os paralíticos; convoca e atrai as pessoas para segui-lo, o que significa que os que são designados ministros se colocam a serviço dos sofredores, para que estes saiam de seu isolamento e sintam-se cidadãos do Reino de Deus.

> E como a chuva e a neve que caem do céu para lá não voltam sem antes molhar a terra e fazê-la germinar e brotar, a fim de produzir semente para quem planta e

alimento para quem come, assim também acontece com a minha palavra: Ela sai da minha boca e para mim não volta sem produzir seu resultado, sem fazer aquilo que planejei, sem cumprir com sucesso a sua missão (Is 55,10-11).

A palavra de Cristo abre nossas mentes para captar o sentido dos acontecimentos do ciclo da vida na terra. Faz de nós discípulos, seguidores, ministros. Faz nascer em nós a fé e o compromisso, a esperança e a confiança, o amor e a ação concreta em momentos extremos de dor pela perda de pessoas amadas.

Assim como a Eucaristia, a Palavra é Pão da Vida, é o próprio Cristo que nos convoca e envia. Por isso, disse Jesus: "As palavras que vos tenho dito são espírito e vida..." (Jo 6,63). Na missa o Pão da Vida é partilhado de duas maneiras: na mesa da Palavra e na mesa da Eucaristia, representadas respectivamente pela mesa da Palavra e o altar. Palavra e Eucaristia são duas formas diferentes e complementares da presença real de Jesus no meio de seu povo para realizar nele a sua Páscoa. Por isso, depois das exéquias, é salutar celebrar uma missa pela pessoa falecida.

1. PREPARANDO A CELEBRAÇÃO

As orientações litúrgicas e os subsídios para os ministros e as comunidades cristãs não querem acomodar, mas mostrar a importância da reunião preparatória.

Quando falamos em celebração litúrgica, pensamos logo na missa. Mas as celebrações dos outros sacramentos (Batismo, Crisma, Penitência, Ordem, Matrimônio e Unção dos Enfermos), assim como as bênçãos, as exéquias e demais celebrações da Palavra, são celebrações litúrgicas, e a via-sacra, as procissões, a novena, o círculo bíblico, o rosário... possuem alto valor em nossa comunicação com Deus e com os irmãos e irmãs. Uma celebração que tenha por objetivo levar os fiéis a um processo de conversão e encontro com Deus não pode ser improvisada. É necessário prepará-la com todo o carinho e encontrar formas para chegar no mais íntimo de cada pessoa, para ajudá-la a vivenciar o mistério pascal.

Uma leitura atenta do Evangelho, que é a leitura principal do mistério celebrado, suscitará na equipe o tema central da celebração. Outras leituras e salmos ou cantos vão nos ajudar a entender o tema central da liturgia. É preciso adaptar a mensagem das leituras bíblicas com base na realidade da comunidade e preparar os comentários, as preces, o ato penitencial, a fim de chegar ao mistério celebrado.

Usando da criatividade própria do nosso povo, cada comunidade poderá preparar o seu esquema. O importante é que na reunião preparatória a equipe se fortaleça espiritualmente e "vista a camisa" da importante missão para a qual foi chamada: anunciar a Boa-Nova do Reino de Deus em situações concretas da vida do povo. O esquema a seguir auxiliará a dar os passos necessários:

ROTEIRO DE CELEBRAÇÃO[1]

1º Passo: situar a celebração no tempo litúrgico e na vida da comunidade.	Conversar sobre o sentido da celebração; lembrar fatos da vida da comunidade, pessoas ou datas significativas (aniversário, bodas de ouro, exéquias, retiro ou cursos em andamento na comunidade...)
2º Passo: aprofundar as leituras.	Buscar o Evangelho adequado, descobrir qual o tema da liturgia da Palavra. Repetir a palavra ou versículo que chamou a atenção. Identificar quem são os personagens, o que estão fazendo, e ver se há outras leituras que podem ser associadas.
	Atualização – Qual a mensagem da Palavra para nós hoje? Por que ela é uma boa notícia para nós hoje? O que ela nos pede ou propõe?

---

[1] Cf. CNBB. *Animação da vida litúrgica no Brasil*. São Paulo, Paulinas, 1989, n. 213-227. (Documentos da CNBB, n. 43.)

3º Passo: exercer a criatividade – como celebraremos.	O missal oferece quatro opções de ato penitencial: aspersão – contrição – dialogal – litânica. Esse pedido de perdão pode ser feito na língua materna, para ser mais intenso e honesto: *Kirye* – grego/português/guarani etc. Colher ideias dos participantes quanto aos símbolos, músicas...
4º Passo: organizar o roteiro e dividir as tarefas.	De posse das ideias da equipe, organizar o roteiro. Como será a colhida e quem será o responsável. Quem proclamará as leituras? Quem vai cantar o salmo? Com que melodia? E as preces, como serão elaboradas? Como e por quem serão propostas para a assembleia? A aclamação ao Evangelho deve ser cantada.
Se for celebração exequial.	Bênção do corpo com água benta para comemorar o Batismo e a herança dos filhos de Deus, que é a vida eterna com Deus nos céus. Sugerir que uma pessoa da família faça a aspersão com a água benta no túmulo como forma de participar do sepultamento. Por vezes, as pessoas também colaboram no sepultamento jogando um pouco de terra. Haverá homenagem, convite para a missa de sétimo dia? Quem os fará?

Roteiros de celebrações

Para auxiliar as celebrações que serão conduzidas pelos ministros, relacionamos alguns subsídios e preparamos comentários, mas que são apenas exemplos.

Estes não querem ser uma espécie de camisa de força ou motivo de acomodação para os ministros e as comunidades, que devem fazer uso da criatividade. São somente algumas formas de facilitar o preparo da celebração.

Recomendamos, vivamente, a leitura do documento n. 52 da CNBB: *Orientações para a celebração da Palavra de Deus.*[2] Trata-se de um excelente subsídio para fundamentar teologicamente e orientar a prática litúrgica dos ministros.

> Quanto a você, permaneça firme naquilo que aprendeu e aceitou como certo; você sabe de quem o aprendeu. Desde a infância você conhece as Sagradas Escrituras; elas têm o poder de lhe comunicar a sabedoria que conduz à salvação pela fé em Jesus Cristo. Toda Escritura é inspirada por Deus e é útil para ensinar, refutar, corrigir e educar na justiça, a fim de que o homem de Deus seja santo, preparado para toda boa obra (2Tm 3,14-17).

Esquema do ano litúrgico

O ministro leva em consideração o ano litúrgico, um calendário religioso que celebra os acontecimentos da História da Salvação. Não coincide com o ano civil. O ano litúrgico começa quatro semanas antes do Natal. Tem como base as fases da lua. Compõe-se de dois grandes ciclos: o Natal e a Páscoa. São como dois polos em torno dos quais gira todo o ano litúrgico.

---

[2] São Paulo, Paulinas, 1994.

CICLO DO NATAL

Tempo do Advento

Compõe-se de quatro semanas.

Início: quarto domingo antes do Natal.

Término: 24 de dezembro.

Trata-se de um tempo de espera, de purificação da vida pela justiça e pela verdade, preparando os caminhos do Senhor. Também não é tempo de festa, mas de esperança e alegria moderada, pois arrumamos a casa para receber a mais nobre visita, anunciada pelos profetas.

Espiritualidade: esperança e purificação da vida.

Ensinamento: anúncio da vinda do Messias.

Cor: azul, rosa ou roxa.

Tempo do Natal

Início: véspera de 25 de dezembro – Natal, e se prolonga por três domingos.

Término: na festa do Batismo de Jesus...

Espiritualidade: fé, alegria e acolhimento...

Ensinamento: o Filho de Deus se fez homem. Celebra-se, com grande alegria, o nascimento de Jesus. Nossa atitude é de gratidão e de glorificação de Deus no mais alto céu. Nesse tempo celebram-se também as festas da Sagrada Família, de Santa Maria Mãe de Deus, da Epifania e do Batismo de Jesus.

Cor: branca.

CICLO PASCAL

Tempo da Quaresma

Início: quarta-feira de Cinzas.

Término: até a missa na Ceia do Senhor exclusive (cinco semanas).

Espiritualidade: é tempo forte de penitência e conversão de jejum e oração. Precisamos renunciar ao mal e aderir a Jesus, que carrega sua cruz. É tempo de preparar a Páscoa. Na Quaresma não se diz o Aleluia, nem se colocam flores na igreja. Os instrumentos musicais devem ser moderados.

Ensinamento: a misericórdia de Deus.

Cor: roxa.

Tríduo pascal

Início: missa vespertina na Ceia do Senhor, na Quinta-feira Santa; possui o seu centro na vigília pascal.

Término: vésperas do domingo da Ressurreição.

Tempo da Páscoa

O período pascal é de 50 dias.

Início: domingo da Ressurreição.

Término: no Pentecostes, que é a vinda do Espírito Santo.

Espiritualidade: alegria em Cristo ressuscitado.

Ensinamento: Ressurreição e vida eterna.

Cor: branca, símbolo da alegria.

Na segunda-feira após o Pentecostes, recomeça a segunda parte do Tempo Comum.

TEMPO COMUM

Início: segunda-feira após o Batismo de Jesus.

Término: véspera da quarta-feira de Cinzas; depois recomeça na segunda-feira após o Pentecostes e vai até o sábado, antes do primeiro domingo do Advento.

Espiritualidade: vivência do Reino de Deus, missão e escuta da Palavra...

Ensinamento: anúncio do Reino de Deus...

Cor: verde.

Refletindo e rezando a Palavra de Deus: a homilia

Homilia significa conversa familiar. Um diálogo fraterno, continuando o assunto da conversa que Deus vem fazendo conosco através das leituras e dos fatos da vida. A homilia tece harmoniosamente uma relação entre a Bíblia, a celebração e a vida. Estabelece um elo entre a proposta de Deus e a resposta da assembleia.

A homilia é ação simbólica, assim como cada momento da liturgia da Palavra. "Cristo está presente na sua Palavra, quando na Igreja se lê e comenta a Escritura" (SC 7). Esta afirmação do documento conciliar sobre a liturgia nos lembra da experiência dos discípulos de Emaús, que sentiram o coração arder quando, pelo caminho, Jesus lhes falava e explicava as Escrituras (cf. Lc 24,32).

Homilia não pode ser confundida com sermão, discurso temático ou pregação com caráter moralizante. Não é estudo bíblico ou catequético nem reflexão simplesmente e, muito menos, deve ser substituída por desabafos pessoais de quem a faz.

Não basta simplesmente explicar os textos bíblicos. É preciso interpretá-los a partir da realidade, atualizando-os na vida concreta da comunidade celebrante, tendo como referência o mistério de Cristo que primeiro morreu e ressuscitou. Por isso fez arder os corações dos discípulos de Emaús, abrindo-os à conversão, à transformação pessoal, comunitária e social.

Cremos que é o próprio Cristo que fala, quando na liturgia são lidas e explicadas as Escrituras. E a homilia é ação do seu Espírito. Ele abre a comunidade para compreender, saborear e aceitar a Palavra proclamada, perceber o sentido dos acontecimentos à luz da Páscoa, renovar em ação de graças sua fé, retomar os motivos de sua esperança e se comprometer com a fraternidade, a justiça e o mandamento do amor.

Essa ação não se dá automaticamente. É trabalho conjunto do Espírito Santo que inspira a Igreja nesse momento de oração.

Além de fazer a ligação entre os textos bíblicos e a vida, é função da homilia abrir e conduzir a assembleia para dentro do mistério da salvação que está acontecendo no momento celebrativo. A dimensão mistagógica se dá evocando as ações libertadoras que Deus realizou e realiza por nós em Jesus Cristo, o grande motivo da ação de graças da comunidade. E, depois, despertando na assembleia a atitude de oferenda e comunhão com Cristo ao Pai. O ministro faz uma homilia e poderá envolver outras pessoas e até toda a assembleia na partilha da Palavra. É uma tarefa sagrada. Daí decorre sua responsabilidade de preparar-se bem para esse dia com a leitura orante da Bíblia, segundo a espiritualidade inaciana. Esse método consta de cinco momentos ou passos:

a) Dispor-se para a oração: defino o tempo da oração e busco um lugar tranquilo que auxilie a me concentrar; procuro uma posição corporal adequada. Faço a leitura aprofundada e cuidadosa dos textos bíblicos da liturgia diária ou, pelo menos, do Evangelho;

b) Preparar-se interiormente: faço silêncio interior, respiro lentamente; tomo consciência de que estou na presença de Deus. Faço com devoção o sinal da cruz. Medito, fazendo a ligação dos textos bíblicos com a nossa vida, com a realidade que nos cerca;

c) Situar-se: peço a Deus, nosso Senhor, que todos os meus desejos, pensamentos e sentimentos estejam voltados unicamente para o seu louvor e serviço. Peço a graça que desejo receber na oração.

d1) Meditar: leio o texto devagar, saboreando as palavras que mais me tocam. Reflito por que motivo essa frase, palavra, ideia me chama a atenção. A oração brota desta meditação: "O que esta Palavra me leva a dizer a Deus e a fazer?".

d2) Contemplar: momento de entrar em comunhão íntima, deixando-me conduzir pela ação amorosa do Senhor. Converso com Deus como se falasse a um amigo: falo, escuto, peço, louvo, pergunto, silencio, seguindo os sentimentos que vou experimentando na oração.

e) Revisar: recordo o meu encontro com Deus; anoto o que foi mais importante na oração (palavras, frases e imagens), os pensamentos predominantes, os questionamentos, os sentimentos de consolação ou desolação, se houve apelos e como vou realizá-los.

Para manter a dimensão orante, dialogal, profética e mistagógica desse momento, algumas perguntas poderão orientar e facilitar a participação da assembleia nessa conversa familiar, que é a homilia nas exéquias: O que aconteceu? Como acolher e aceitar essa notícia de Deus para nós hoje? Quais os apelos que Deus nos faz diante da partida do nosso irmão (da nossa irmã)? Que respostas daremos a essa Palavra de Deus para continuar a nossa vida na terra?

Se o ambiente é de silêncio, torna-se indispensável não insistir na resposta falada, pois a homilia tem como apelo maior a reflexão. Assim, a resposta à Palavra, a ser dada pela família e amigos, na celebração da vida da pessoa que partiu, ganhará cada vez mais intensidade, realizada primeiro, no íntimo de cada pessoa, pela ação do Espírito Santo. Esse momento poderá ser seguido de um refrão cantado, inspirado na Palavra.

2. CELEBRAR A VIDA NO SENHOR

Ministro: Irmãos e irmãs, estamos aqui reunidos, convocados por Deus nosso † Pai, Filho e Espírito Santo, para participarmos da mesa da Palavra e recebermos a comunhão eucarística.

Todos: **Amém.**

Ministro: A graça de nosso Senhor Jesus Cristo, o amor do Pai e a comunhão do Espírito Santo estejam conosco.

Todos: **Bendito seja Deus que nos reuniu no amor de Cristo.**

Ministro: Disse Jesus: "Quem não tiver pecados atire a primeira pedra". Meus irmãos, se Deus viesse nos chamar hoje, como ele nos encontraria: na graça ou no pecado? No amor ou no ódio? Na partilha ou na acumulação? Arrependidos, clamemos a misericórdia de Deus:

– Senhor, que viestes ao mundo para nos libertar da morte e salvar, tende piedade de nós!

– Cristo, que nos sustentais em nossa caminhada com a força do vosso Espírito, tende piedade de nós!

– Senhor, que voltareis um dia para julgar nossas palavras e ações, tende piedade de nós!

Ministro: Deus, que é nosso Pai, tenha compaixão de nós, perdoe os nossos pecados e nos conceda a vida eterna. Amém.

Ministro: Oremos (pausa)... Deus, Pai todo-poderoso, cremos que vosso Filho morreu e ressuscitou por nós. Concedei que por esse mistério possamos nós, também, ressuscitar em Cristo para a alegria eterna. Por nosso Senhor Jesus Cristo, vosso Filho, na unidade do Espírito Santo. Amém.

Liturgia da Palavra: procissão da Bíblia;
primeira leitura; salmo; segunda leitura; aclamação
e proclamação do Evangelho; homilia; profissão de fé
(omite-se durante a semana); preces dos fiéis.

Rito de louvor no Tempo Comum

Ministro: Irmãos e irmãs, confiantes, apresentemos ao Senhor nosso louvor e nossas necessidades enquanto comunidade. Queremos apresentar com simplicidade nossa colaboração para atender as necessidades da nossa comunidade em sinal de nossa solidariedade. Cantemos.

Coleta fraterna.
Recomenda-se fazer a procissão das ofertas de alimentos
para os pobres. Segue-se o abraço da paz.

Ministro: Irmãos e irmãs, por sua morte e ressurreição, o Cristo nos reconciliou. Demo-nos uns aos outros o abraço da paz!

*Em outro tempo litúrgico,
verificar outras fórmulas de louvor.*

Ministro: O Senhor esteja convosco.

Todos: Ele está no meio de nós.

Ministro: Demos graças ao Senhor, nosso Deus.

Todos: É nosso dever e nossa salvação.

Ministro: Nós vos damos graças, ó Deus da vida, porque nos acolheis na comunhão do vosso amor e renovais nossos corações com a alegria da ressurreição de vosso Filho Jesus, o Cristo. Em vós, ó Pai, existimos, vivemos e nos movemos. Recebemos a cada dia, do nascer ao pôr do sol, as provas do vosso imenso amor e, por vossa bondade, esperamos a promessa da imortalidade e a felicidade eterna.

Todos: Glória a vós, Senhor, graças e louvor.

*O ministro traz o pão consagrado
e o coloca sobre o altar.*

Ministro: Irmãos e irmãs, trazemos este pão consagrado, memória viva do Corpo do Senhor Jesus, que se faz presente em nossa mesa. Assim como seus discípulos, depois da ressurreição, comeram daquele pão sagrado, nós também iremos partilhar deste pão, que é o Corpo vivo de Jesus. Que ele confirme a nossa fé na sua ressurreição e nos abençoe.

Todos: Glória a vós, Senhor, graças e louvor.

Ministro: Toda a humanidade vos bendiz, ó Pai, pela ressurreição de Jesus, que renova todas as coisas. Nele se renova a esperança de que a morte será vencida e de que o vosso Reino irá chegar para todos que fazem a vossa vontade. E, então, teremos a felicidade eterna.

Todos: Glória a vós, Senhor, graças e louvor.

Ministro: Façamos uma inclinação profunda e reflitamos por alguns segundos na presença de Jesus, que está entre nós na forma de pão para nos alimentar e nos transformar, dando-nos força em nossa caminhada.

Pausa de alguns segundos.

Ministro: Por amor, Jesus quis ficar entre nós também na forma de pão para nos alimentar. Ó Pai, diante do corpo do vosso Filho, expressamos nosso desejo de corresponder com mais fidelidade à missão que nos destes e invocamos sobre nós o Espírito Santo, para que nos dê força nesta caminhada. Apressai o tempo da vinda do vosso Reino e recebei o louvor de todo o universo e de todas as pessoas que vos buscam.

Todos: Glória a vós, Senhor, graças e louvor.

Ministro (mostrando a âmbula): Da mesma maneira como este pão foi por primeiro trigo plantado, multiplicando-se em grãos e depois colhido para tornar-se pão, congregai assim, ó Pai, vossos filhos e filhas de todos os cantos da terra no vosso Reino. Isto vos pedimos, por Cristo, nosso Senhor.

Todos: Amém.

Ministro: Vamos nos dar as mãos como sinal de nossa união. Rezemos a oração que Jesus nos ensinou:

Todos: Pai nosso...

Ministro: Provai e vede como o Senhor é bom. Feliz quem encontra nele o seu refúgio. Eis o Cordeiro de Deus, aquele que tira o pecado do mundo.

Todos: Senhor, eu não sou digno de que entreis em minha morada, mas dizei uma palavra e serei salvo.

O ministro comunga e diz em voz baixa:

Ministro: Que o Corpo de Cristo nos guarde para a vida eterna.

Canto de comunhão.

Ministro: Oremos:

Alimentados com o mesmo pão, nós vos pedimos, ó Deus, que possamos viver uma vida nova e perseverar no vosso amor solidário com vossos filhos e nossos irmãos. Por Cristo, nosso Senhor.

Todos: Amém.

Avisos.

Ministro: O Senhor nos abençoe e nos guarde.

Todos: Amém.

Ministro: O Senhor faça brilhar sobre nós a sua face e nos seja favorável.

Todos: Amém.

Ministro: O Senhor dirija para nós o seu rosto e nos dê a paz.

Todos: Amém.

Ministro: Que o Senhor confirme a obra de nossas mãos, agora e para sempre.

Todos: Amém.

Ministro: Abençoe-nos o Deus todo-poderoso, o Pai e o Filho e o Espírito Santo.

Todos: Amém.

Ministro: Louvado seja nosso Senhor Jesus Cristo.

Todos: Para sempre seja louvado.

Ministro: A alegria do Senhor seja a nossa força. Vamos em paz e o que o Senhor nos acompanhe.

Todos: Graças a Deus.

3. O LOUVOR NOS TEMPOS LITÚRGICOS

O louvor eucarístico segue o tempo litúrgico correspondente.

TEMPO DA QUARESMA

Ministro: O Senhor esteja convosco.

Todos: **Ele está no meio de nós.**

Ministro: Demos graças ao Senhor, nosso Deus.

Todos: **É nosso dever e nossa salvação.**

Ministro: É um prazer para nós vos louvar, ó Deus de bondade. Vós nos dais a cada ano a graça de esperar com alegria a Santa Páscoa. De coração purificado, entregues à oração e à prática do amor fraterno, preparamo-nos para celebrar os mistérios pascais, que nos deram vida nova e nos tornaram vossos filhos e filhas.

Todos: **Louvor e glória a vós, ó Deus de bondade.**

O ministro traz o pão consagrado e o coloca sobre o altar.

Ministro: Deus tanto nos amou que nos enviou seu Filho único. Jesus, em seu imenso amor, quis ficar conosco na forma de pão. Façamos uma inclinação ao Cristo presente, nossa refeição.

Vamos dar graças a Deus e repartir entre nós este pão consagrado, memória viva do Corpo do Senhor, que nos revela sua glória e nos chama a preparar, com intensidade, a sua Páscoa.

Todos: Louvor e glória a vós, ó Deus de bondade.

Ministro: Assim como alimentastes vosso povo no deserto, sustentai também a nós que esperamos a Santa Páscoa. Colocamos, nesta mesa, o Pão Consagrado, sacramento da vossa entrega. Nós vos louvamos fazendo memória da vossa vida e do vosso amor até o fim, enquanto aguardamos a vossa vinda. Derramai sobre nós o vosso Espírito e recebei o louvor de todo o universo e de todas as pessoas que vos buscam.

Todos: Louvor e glória a vós, ó Deus de bondade.

Ministro (mostrando a âmbula): Assim disse Jesus: "Eu sou o pão da vida. Quem vem a mim nunca mais terá fome e o que crê em mim nunca mais terá sede". Provem e vejam como o Senhor é bom. Feliz quem encontra nele seu refúgio e segurança. Eis o Cordeiro de Deus, aquele que tira o pecado do mundo.

Todos: Senhor, eu não sou digno de que entreis em minha morada, mas dizei uma palavra e serei salvo.

TEMPO PASCAL

Ministro: O Senhor esteja convosco.

Todos: Ele está no meio de nós.

Ministro: Demos graças ao Senhor, nosso Deus.

Todos: É nosso dever e nossa salvação.

Ministro: Ó Deus bondoso e fiel, é muito bom vos louvar em todo tempo e lugar, especialmente neste, em que Cristo, nossa páscoa, foi imolado.

Todos: A vós, ó Deus, a louvação, nesta festa da ressurreição.

O ministro traz o pão consagrado e o coloca sobre o altar.

Ministro: Irmãos e irmãs, trazemos este pão que é o Corpo do Senhor, da vida que ele entregou por todos nós. Façamos uma inclinação ao Cristo presente, nossa refeição.

Graças vos damos por Jesus, vosso Filho, que escolhestes e consagrastes com a força do Espírito Santo. Ressuscitado, ele deu a todos nós esse mesmo Espírito, e é nele que vos louvamos e vos agradecemos.

Todos: A vós, ó Deus, a louvação, nesta festa da ressurreição.

Ministro: Neste pão consagrado, expressamos nosso desejo de sermos unidos em Jesus e de vermos brilhar em nossa humanidade o resplendor da sua páscoa.

Todos: A vós, ó Deus, a louvação, nesta festa da ressurreição.

Ministro: Fazei que as Igrejas cristãs do mundo inteiro caminhem na unidade e que haja diálogo entre todas as religiões e culturas, em vista da construção da paz na terra e da defesa de toda a criação.

Todos: A vós, ó Deus, a louvação, nesta festa da ressurreição.

Ministro (mostrando a âmbula): Assim disse Jesus: "Eu sou o pão da vida. Quem vem a mim nunca mais terá fome e o que crê em mim nunca mais terá sede". Provem e vejam como o Senhor é bom. Feliz quem encontra nele seu refúgio e segurança. Eis o Cordeiro de Deus, aquele que tira o pecado do mundo.

Todos: Senhor, eu não sou digno de que entreis em minha morada, mas dizei uma palavra e serei salvo.

TEMPO DO ADVENTO

Ministro: O Senhor esteja convosco.

Todos: Ele está no meio de nós.

Ministro: Demos graças ao Senhor, nosso Deus.

Todos: É nosso dever e nossa salvação.

Ministro: É muito bom vos louvar, ó Deus bondoso e fiel. Desde o começo do mundo, vós vos revelastes, aos antigos pais e mães da nossa fé, como Deus santo e amigo da humanidade. Por meio dos profetas, falastes ao povo da primeira aliança e vossas palavras se cumpriram em Jesus, vosso Filho amado, a quem esperamos.

Todos: Vinde, Senhor Jesus, vinde. Vinde, meu Senhor, bem-amado.

O ministro traz o pão consagrado e o coloca sobre o altar.

Ministro: João Batista, lá no deserto, apontou para nós o Messias e deu testemunho de sua luz. Maria, recebendo o anúncio do anjo, ficou grávida do Verbo. E vossas promessas se cumpriram na plenitude dos tempos pela vinda de Jesus Cristo, nosso Salvador. Hoje, vosso povo reunido em louvação é sinal de que vosso Reino está chegando. Acolhei nosso desejo de sermos unidos em Jesus Cristo e de vermos brilhar em nossa humanidade o esplendor da vossa luz.

Todos: Vinde, Senhor Jesus, vinde. Vinde, bem-amado Senhor.

Ministro (mostrando a âmbula): Assim diz o Senhor: "Eis que estou à porta e bato: se alguém ouvir a minha voz e abrir a porta, entrarei em sua casa e comerei com ele e ele comigo" (Ap 3,20). Eis o Cordeiro de Deus, aquele que tira o pecado do mundo.

Todos: Senhor, eu não sou digno de que entreis em minha morada, mas dizei uma palavra e serei salvo.

TEMPO DO NATAL

Ministro: O Senhor esteja convosco.

Todos: Ele está no meio de nós.

Ministro: Demos graças ao Senhor, nosso Deus.

Todos: É nosso dever e nossa salvação.

Ministro: É um prazer para nós vos louvar, Deus do universo. Antes que nos aproximássemos de vós, vós vos fizestes próximo de nós, igual a nós na humanidade de Jesus, para nos fazer participar da vossa glória. Com os anjos que anunciaram o vosso nascimento em Belém, nós vos bendizemos.

Todos: Glória a Deus no mais alto dos céus.

O ministro traz o pão consagrado e o coloca sobre o altar.

Ministro: Por ele, realiza-se hoje o maravilhoso encontro entre o céu e a terra, para conduzir todos os viventes à intimidade da vossa comunhão. Tornando-se humano entre nós, a nossa natureza humana recebe uma incomparável dignidade.

Todos: Glória a Deus no mais alto dos céus.

Ministro: Diante do pão consagrado que nos destes como alimento de nossa caminhada, nós vos agradecemos. Derramai sobre nós o vosso Espírito. Como santificastes Jesus no Batismo, consagrai-nos também. Fazei de nós criaturas novas e recebei o louvor de toda a criação.

Ministro (mostrando a âmbula): O Verbo se fez carne e habitou entre nós. Hoje desceu do céu a verdadeira paz. Eis o Cordeiro de Deus, aquele que tira o pecado do mundo.

Todos: Senhor, eu não sou digno de que entreis em minha morada, mas dizei uma palavra e serei salvo.

4. CELEBRAÇÃO DE BODAS

Preparar o ambiente de forma adequada, com símbolos que representem a união matrimonial: cruz, alianças, flores, pão, número de anos de vida de casados...

Comentarista: Nossa comunidade se reúne para louvar e agradecer a Deus pelos (10-25-50-60) anos de união matrimonial de *NN.* (*nome do casal*). Todos somos bem-vindos e queremos participar com alegria desta celebração. Desejamos nos unir na alegria e na felicidade deste casal e agradecer a Deus pelos anos de união matrimonial. Certamente este casal teve dificuldades ao longo destes anos de casados, mas o amor foi mais forte e, por isso, soube enfrentar e superar os obstáculos que surgiram.

Canto de acolhida.

Ministro: Irmãos e irmãs, iniciemos com alegria e fé esta celebração de bodas do casal *NN.* (*nomes*). Em nome do Pai, do Filho e do Espírito Santo.

Todos: Amém.

Ministro: A graça e a paz de Deus, nosso Pai, o amor de Cristo, nosso salvador, e a comunhão e a alegria do Espírito Santo estejam sempre convosco.

Todos: **Bendito seja Deus, que nos reuniu no amor de Cristo para celebrar o amor que uniu em Matrimônio este casal.**

Ministro: O mesmo amor de Deus que nos reúne neste momento uniu e acompanhou este casal há (*10-25-50-60*) anos e o mantém unido até hoje juntamente com sua família. Ao celebrar o jubileu matrimonial, lembramos a vocação ao Matrimônio, tão importante na vida da Igreja, dos casais que vivem o amor, a fidelidade e a alegria. Neste momento, queremos nos penitenciar e pedir perdão a Deus pelas vezes que não correspondemos ao amor que ele tem para conosco.

Casal jubilando: Senhor, perdão por todas as vezes que não vivemos o amor, a compreensão e o diálogo entre nós e nossos filhos. Tende piedade de nós.

Todos: **Senhor, tende piedade de nós.**

Filho do casal: Cristo, perdão por todas as vezes que não respeitamos o amor de Deus Pai expresso na vontade de nossos pais. Tende piedade de nós.

Todos: **Cristo, tende piedade de nós.**

Parente-amigo: Senhor, perdão pelas vezes que não demos testemunho da alegria e da paz em nossas famílias. Tende piedade de nós.

Todos: **Senhor, tende piedade de nós.**

Ministro: Deus, Pai misericordioso, tenha compaixão de nós, perdoe os nossos pecados e nos conduza à vida eterna.

Todos: Amém.

Ministro: Ó Deus, que unistes este casal *NN.* (*nomes*) pelo laço indissolúvel do Matrimônio e conservastes os seus corações unidos nas dificuldades e nas alegrias, aumentai e purificai seu amor, para que os continue unindo na alegria e felicidade juntamente com os filhos. Por nosso Senhor Jesus Cristo, vosso Filho, na unidade do Espírito Santo.

Todos: Amém.

Liturgia da Palavra

Sugestão: Primeira leitura (Ef 5,2.25-28; 6,1-4); Salmo (34/33); canto de aclamação, Evangelho (Jo 15,9-12).

Pistas para reflexão:

1. O amor entre os esposos não tem limites, assim como não teve limites o amor de Jesus para com a humanidade, a ponto de entregar sua vida.

2. Numa época em que tudo é relativo e descartável, o Matrimônio mostra que certos valores são perenes: a dignidade e o valor do Matrimônio.

3. A íntima comunhão de vida e de amor, pela qual os cônjuges "já não são dois, mas uma só carne", foi estabelecida por Deus.

Renovação matrimonial

Comentarista: Agora o casal *NN.* (*nomes*) vai renovar o juramento que fez há (*10-25-50-60*) anos. Foi uma caminhada repleta de momentos significativos, sempre acompanhada pela proteção divina. Este casal se dispõe a renovar os compromissos de amor e de fidelidade eternos. Serão abençoadas as alianças que continuarão a ser sinal da aliança de Deus com a humanidade e de compromisso de fidelidade para o casal.

Ministro: Neste aniversário de (*10-25-50-60*) anos, recordando o dia feliz em que unistes a vossa vida com o vínculo indissolúvel do sacramento do Matrimônio, quereis renovar agora diante de Deus aquele santo compromisso. Para que este propósito seja reafirmado pela graça divina, elevai ao Senhor a vossa prece.

Esposo: Bendito sois, Senhor, porque, por vossa graça, recebi *N.* (*nome da esposa*) por minha esposa.

Esposa: Bendito sois, Senhor, porque, por vossa graça, recebi *N.* (*nome do esposo*) por meu esposo.

Casal: Bendito sois, Senhor, porque, na alegria e na tristeza, sempre contamos com a vossa presença. Nós vos pedimos, continuai ajudando-nos a conservar fielmente o nosso amor, para sermos dignas testemunhas da aliança que fizestes com a humanidade.

Ministro: O Senhor vos guarde durante todos os dias das vossas vidas. Nas aflições, seja o vosso consolo. Na prosperidade, a vossa assistência. E conserve o vosso lar na abundância de suas bênçãos. Por Cristo, nosso Senhor.

Todos: Amém.

O ministro abençoa as alianças com água benta.

Ministro: Senhor, abençoai e santificai o amor destes vossos filhos. Derramai vossa bênção sobre estas alianças e que lhes sejam um sinal perene de sua fidelidade, recordando-lhes sempre a mútua afeição e a graça do sacramento. Por Cristo, nosso Senhor.

Todos: Amém.

Marido: *N. (nome da esposa)* recebe novamente esta aliança em sinal do meu amor e da minha fidelidade. Em nome do Pai, do Filho e do Espírito Santo.

Esposa: *N. (nome do esposo)* recebe novamente esta aliança em sinal do meu amor e da minha fidelidade. Em nome do Pai, do Filho e do Espírito Santo.

O ministro e os filhos estendem as mãos sobre
o casal enquanto invocam a bênção.

Ministro: Nós vos louvamos e bendizemos, Deus criador de todas as coisas, que no princípio criastes o homem e a mulher para constituírem uma sociedade de vida e amor; e também vos agradecemos, Senhor, porque vos dignastes abençoar o casamento dos vossos filhos *NN*. (*nome do casal*) e, como lhes preservastes a união em meio a alegrias e tristezas, assim renovai neles sempre a aliança nupcial, aumentando a caridade e reforçando os laços da paz, a fim de merecerem receber sempre a vossa bênção (na companhia dos filhos que os rodeiam). Por Cristo, nosso Senhor.

Todos: **Amém.**

ORAÇÃO DOS FIÉIS

Ministro: Irmãos e irmãs, invoquemos a misericórdia de Deus Pai todo-poderoso, que, com a sua providência e sabedoria, comparou a história da salvação ao amor e à fidelidade conjugal.

1. Pai santo, que tendes o nome de fiel, que exigis, mas recompensais a observância da aliança, dignai-vos cumular de bênçãos estes vossos filhos *NN*. (*nome do casal*) que celebram as bodas de (*10-25-50-60*) anos de casamento.

Todos: **Renovai, Senhor, o amor de vossos filhos e filhas.**

2. Pai santo, que com o Filho e o Espírito Santo viveis, desde toda a eternidade, em perfeita unidade e comunhão de amor, fazei que estes vossos filhos se lembrem de cumprir por toda a vida a aliança de amor que firmaram pelo casamento. (*Refrão*)

3. Pai santo, que em vossa providência encaminhais as experiências da vida humana, de modo a levar-

des os fiéis à participação do mistério de Cristo, fazei que estes vossos filhos, recebendo com serenidade os bons e os maus momentos da vida, se esforcem para estar sempre com Cristo e viver só para ele. (*Refrão*)

4. Pai santo, que quisestes fazer da união conjugal um ensinamento de vida cristã, fazei que todos os casados se transformem em testemunhas do mistério de amor do vosso Filho no mundo. (*Refrão*)

5. Pai santo, que os jovens possam ver no casamento a realização do vosso amor, a construção de vosso mundo, baseado na paz e na justiça, e a transformação da sociedade. (*Refrão*)

Outras preces da comunidade.

Ministro: Ó Deus, em cuja providência a sociedade familiar tem seu fundamento firme, atendei, misericordioso, às preces dos vossos servos e fazei que, seguindo o exemplo da Sagrada família, celebrem sem fim os vossos louvores na alegria de vossa casa. Por Cristo, nosso Senhor.

Todos: Amém.

Canto de louvor e ação de graças a Deus
pela vida matrimonial.

Rito da comunhão

Quando houver comunhão, o ministro coloca a Eucaristia
sobre o altar e convida a assembleia a rezar.

Ministro: Rezemos preparando-nos para receber a Eucaristia. A melhor oração é a oração da família de
Deus, com as palavras que Jesus mesmo nos ensinou:

Todos: Pai-Nosso...

Ministro: Rezemos pedindo a Deus o dom da paz principalmente para este casal que está aniversariando e
para nossas famílias.

**Todos: Senhor Jesus Cristo, dissestes aos vossos
apóstolos: "Eu vos deixo a paz, eu vos dou a minha paz". Não olheis os nossos pecados, mas a fé
que anima a vossa Igreja; dai-lhe, segundo o vosso desejo, a paz e a unidade. Vós, que sois Deus
com o Pai, na unidade do Espírito Santo. Amém.**

Ministro: Senhor todo-poderoso, criastes todas as coisas
e nos destes alimentos que nos sustentam, concedei-nos crescer na vida espiritual pelo pão da vida que
vamos receber. Felizes os convidados para a Ceia do
Senhor. Eis o Cordeiro de Deus que tira o pecado do
mundo.

**Todos: Senhor, eu não sou digno de que entreis em
minha morada, mas dizei uma palavra e serei salvo.**

Canto de comunhão.

Ministro: Oremos:

Alimentados com o mesmo pão, nós vos pedimos, ó Deus, que possamos viver uma vida nova e perseverar no vosso amor solidário com vossos filhos e nossos irmãos. Por Cristo, nosso Senhor.

Todos: Amém.

Bênção final

Comentarista: Esta celebração que estamos concluindo deve ter incentivado todos nós a ver o Matrimônio com seriedade e responsabilidade. Deve também ter animado todos os casais que passam por dificuldades de convivência a ver que é possível superar isso, desde que saibam colocar como centro e fundamento de sua união o amor, o diálogo, o perdão, a compreensão, a acolhida...

Todos: Senhor Jesus, Deus de amor. Quisestes que nos amássemos e vivêssemos unidos, sendo assim sinais de vossa presença no mundo. Eis que vos tornastes nosso alimento, nossa força e nossa vida. Queremos viver sempre juntos nas dificuldades, nas alegrias e nas tristezas. Assim, seremos a oferta que vos agrada. Dai-nos sermos fiéis em nossas vidas, tendo amor uns para com os outros. Abençoai o amor dos esposos e fazei que na

unidade e na caridade possamos difundir o vosso amor. Que jamais nos esqueçamos de proclamar vossas maravilhas, vossa bondade e vossa misericórdia infinita. Amém.

Ministro: Que Deus Pai todo-poderoso nos conceda a sua alegria.

Todos: **Amém.**

Ministro: O Filho unigênito de Deus, com sua misericórdia, esteja ao nosso lado na alegria e na tristeza.

Todos: **Amém.**

Ministro: E a todos nós, aqui reunidos, abençoe-nos o Deus todo-poderoso, Pai, Filho e Espírito Santo.

Todos: **Amém.**

CULTO DA EUCARISTIA FORA DA MISSA

- O ministro ordinário da exposição do Santíssimo Sacramento é o sacerdote ou o diácono que, no fim da adoração, antes de repor o sacramento, abençoa com ele o povo. Na ausência destes, o ministro não ordenado poderá expor publicamente a Santíssima Eucaristia para a adoração dos fiéis e depois repô-la. Não lhe é permitido, porém, dar a bênção com o Santíssimo Sacramento (cf. *A sagrada comunhão e o culto do mistério eucarístico fora da missa*, n. 91).
- Para a exposição do Santíssimo, quando feita por um ministro não ordenado: ele, com suas vestes de ministro, vai até o sacrário, faz a genuflexão (*sem pressa*); depois, retira a âmbula ou coloca a hóstia no ostensório e traz para o altar (*o altar deve estar preparado como se fosse para a missa, acrescentando-se o corporal*). Coloca a âmbula ou o ostensório sobre o altar e ajoelha-se por alguns instantes diante do Senhor (*neste momento pode-se incensar o Santíssimo*). O ministro inicia a adoração.
- Para a retirada do Santíssimo: o ministro não ordenado vai até o altar, ajoelha-se diante do Santíssimo (*sem pressa*), levanta-se, toma o ostensório e o leva para perto do sacrário. Retira a hóstia do ostensório e coloca-a no sacrário. Faz uma genuflexão, fecha a porta do sacrário e se retira.

5. ADORAÇÃO AO SANTÍSSIMO: "O PÃO QUE DESCEU DO CÉU"

Comentarista: Jesus eucarístico nos reúne em oração e em adoração. É um momento de fé e de união entre nós, e com Cristo presente na Eucaristia. Sintamo-nos todos bem-vindos e bem acolhidos aqui diante do Santíssimo Sacramento. Deus nos ama e é por isso que ele se faz presente no pão eucarístico: para nos alimentar em nossa vida de fé e de compromisso com uma sociedade mais solidária e fraterna. É porque Deus nos ama que também nos reúne para este momento de oração. Ele nos reúne entre nós e nos une a ele.

Canto de acolhida.

Ministro: Irmãos e irmãs, vamos adorar nosso Deus e Senhor, presente no Santíssimo Sacramento.

O ministro expõe o Santíssimo Sacramento.

Ministro: † Em nome do Pai, do Filho e do Espírito Santo.
Todos: Amém.
Ministro: Graças e louvores se deem a todo momento. (*3x*)
Todos: Ao Santíssimo e Digníssimo Sacramento. (*3x*)
Ministro: Vamos pedir a graça de renovar em cada um de nós a atitude de melhor acolher. Acolher a fé, o

Dom de Deus. Acolher a presença real de Jesus Cristo, presente no seu mistério de amor. Acolher os sinais de esperança e de vida nova. Acolher cada um dos irmãos e irmãs aqui reunidos. Vamos passar alguns momentos em oração diante de Cristo presente no pão consagrado. São momentos de silêncio, de escuta da Palavra de Deus e de louvor...

Breve momento de silêncio. Seguem as motivações.

Ministro: É importante que também manifestemos nosso arrependimento e peçamos perdão a Deus, por tudo o que nos afasta dele e das pessoas. Somos fracos e necessitamos do perdão e da misericórdia de Deus, nosso Pai.

1. Porque muitas vezes nos aproximamos da comunhão eucarística indignamente. Perdão, Senhor.

Todos: Perdoai-nos, Senhor, e renovai nosso amor.

2. Porque nem sempre valorizamos e participamos da missa. Perdão, Senhor. (*Refrão*)

3. Porque não vivemos a união que celebramos na missa. Perdão, Senhor. (*Refrão*)

4. Porque não vivemos a justiça e o amor que nos ensinastes. Perdão, Senhor. (*Refrão*)

5. Porque rezamos pouco em nossas famílias. Perdão, Senhor. (*Refrão*)

Outros pedidos espontâneos de perdão.

Todos: **Senhor Jesus, cremos que estais presente no pão consagrado. Nós vos adoramos com os anjos e santos e com todos os nossos irmãos e irmãs na fé. Obrigado porque nos deixastes vosso corpo e vosso sangue para nosso alimento. Fazei que jamais nos afastemos de vós, que sois o caminho que nos conduz ao Pai, a vida que nos faz filhos e filhas de Deus e a verdade que nos liberta. Senhor Jesus, permanecei sempre conosco, fortalecei nossa fé, alimentai nossa esperança e fazei que vos amemos cada vez mais, bem como a nossos irmãos e irmãs. Amém.**

Liturgia da Palavra

Comentarista: Assim como a Eucaristia, a Palavra de Deus é alimento para a nossa vida. Ela nos mostra a vontade de Deus a respeito de cada um de nós: como devemos viver para agradar a Deus e às pessoas. Devemos estar sempre abertos para acolhê-la com alegria e disposição. O nosso coração é o terreno onde Deus quer semear sua Palavra. É preciso que esse terreno esteja bem preparado para que ela possa produzir muitos e bons frutos.

As leituras podem ser as que seguem ou as da liturgia, ou de acordo com a ocasião, mas sempre fazendo alguma referência ao mistério eucarístico.

Leitor: Leitura da primeira carta de Paulo aos Coríntios (1Cor 11,23-29). Porque eu recebi do Senhor o que também vos entreguei: que o Senhor Jesus, na noite em que foi traído, tomou o pão; e, tendo dado graças, o partiu e disse: "Isto é o meu corpo, que é dado por vós; fazei isto em memória de mim". Por semelhante modo, depois de haver ceado, tomou também o cálice, dizendo: "Este cálice é a nova aliança no meu sangue; fazei isto, todas as vezes que o beberdes, em memória de mim". Porque, todas as vezes que comerdes este pão e beberdes o cálice, anunciais a morte do Senhor, até que ele venha. Por isso, aquele que comer o pão ou beber o cálice do Senhor, indignamente, será réu do corpo e do sangue do Senhor. Examine-se, pois, o homem a si mesmo, e, assim, coma do pão, e beba do cálice; pois quem come e bebe sem discernir o corpo, come e bebe a própria condenação. **Palavra do Senhor.**

Todos: Graças a Deus.

Canto de aclamação ao Evangelho.

Ministro: O Senhor esteja convosco.

Todos: Ele está no meio de nós.

Ministro: Proclamação do Evangelho de Jesus Cristo segundo João 6,48-58.

Todos: Glória a vós, Senhor.

Ministro: Proclamação do Evangelho de Jesus Cristo, segundo João. "Eu sou o pão da vida. Vossos pais comeram o maná no deserto e morreram. Este é o pão que desce do céu, para que todo o que dele comer não pereça. Eu sou o pão vivo que desceu do céu; se alguém dele comer, viverá eternamente; e o pão que eu darei pela vida do mundo é a minha carne". Disputavam, pois, os judeus entre si, dizendo: "Como pode este dar-nos a comer a sua própria carne?". Respondeu-lhes Jesus: "Em verdade, em verdade vos digo: se não comerdes a carne do Filho do Homem e não beberdes o seu sangue, não tendes vida em vós mesmos. Quem comer a minha carne e beber o meu sangue tem a vida eterna, e eu o ressuscitarei no último dia. Pois a minha carne é verdadeira comida, e o meu sangue é verdadeira bebida. Quem comer a minha carne e beber o meu sangue permanece em mim, e eu, nele. Assim como o Pai, que vive, me enviou, e igualmente eu vivo pelo Pai, também quem de mim se alimenta por mim viverá. Este é o pão que desceu do céu, em nada semelhante àquele que os vossos pais comeram e, contudo, morreram; quem comer este pão viverá eternamente". **Palavra da Salvação.**

Todos: Glória a vós, Senhor.

O ministro partilha a reflexão
ou desenvolve os seguintes pontos:

1. A Eucaristia é o memorial vivo da presença de Cristo entre nós. Jesus escolheu essa forma para permanecer constantemente com seu povo. Isso demonstra o grande amor de Jesus por todos nós.

2. Cristo quer nos alimentar com seu corpo e seu sangue. O alimento eucarístico nos recorda também outro alimento que Deus quer para todos: o alimento material para todas as pessoas. A Eucaristia nos ensina a partilhar.

Momento de oração e louvor

Canto de adoração.

Ministro: Estamos louvando Cristo presente na Eucaristia. Estamos refletindo sobre o significado e a importância da Eucaristia em nossa vida. Vamos, agora, manifestar nossa fé no Deus que se encarnou em Jesus e que se faz presente no pão eucarístico.

1. Cremos que Cristo é nosso caminho, verdade e vida e que ele está realmente presente no pão e no vinho consagrados.

Todos: Cremos, Senhor, mas aumentai nossa fé e nosso amor.

2. Cremos que Jesus é o Filho de Deus Pai e nosso irmão, e que o caminho para estarmos com Cristo é a justiça e a fraternidade. (*Refrão*)

3. Cremos que, para comungar a hóstia consagrada, devemos estar em comunhão de vida com os irmãos, e que quem comunga deve lutar pela construção de uma nova sociedade. (*Refrão*)

4. Cremos que nossa fé se renova pela Palavra de Deus, pela participação nas celebrações da comunidade, e que é a força de Jesus que sustenta os que lutam por justiça e fraternidade. (*Refrão*)

5. Cremos que é a força do Espírito Santo que sustenta e anima as pessoas a organizarem e formarem comunidades de fé. (*Refrão*)

Outras manifestações de fé espontâneas da comunidade.

Ministro: Diante de Cristo eucarístico, coloquemos os nossos pedidos e agradecimentos.

1. Para que o sacrifício eucarístico nos anime a seguir os ensinamentos de Jesus e, assim, transformamos o mundo, rezemos.

Todos: Senhor, fortalecei-nos em nossa fé.

2. Que Cristo, que se tornou alimento para todos, possa ser esperança de uma sociedade em que não falte pão para os mais pobres, rezemos.

3. Que alimentados e fortalecidos com o verdadeiro alimento que é Jesus, possamos dar testemunho do seu amor por toda humanidade, rezemos.

4. Para que nossa comunidade se deixe iluminar pelo poder de Cristo que se faz pão e que alimenta de todas as fomes, rezemos.

5. Para que a nossa caminhada de comunidade seja fortalecida pelo exemplo de Cristo, que se entrega como pão e que nos resgata do pecado, rezemos.

Outras preces da comunidade.

Ministro: O Senhor nos comunicou seu Espírito. Com a confiança e a liberdade de filhos e filhas de Deus, digamos juntos a oração que Jesus nos ensinou:

Todos: Pai nosso...

Ministro: Oremos. Damos-vos graças, Senhor, por este momento de oração e louvor. Com esta oração, fortalecemos nossa fé e nosso compromisso com o vosso Reino. A Eucaristia nos une a Jesus e nos ensina a partilha e a solidariedade. Que a Eucaristia não nos deixe conformar com a situação de fome de tantas famílias e nos mostre o caminho da fraternidade. Por Cristo, nosso Senhor.

Todos: Amém.

Alma de Cristo, santificai-me. Corpo de Cristo, salvai-me. Sangue de Cristo, inebriai-me. Água do lado de Cristo, lavai-me. Paixão de Cristo, confortai-me. Ó bom Jesus, ouvi-me. Dentro de vossas chagas, escondei-me. Na hora da morte, chamai-me e mandai-me ir para vós, para que com os vossos santos vos louve por todos os séculos dos séculos. Amém.

Rito de conclusão

De joelhos.

Tão sublime sacramento, adoremos neste altar. /
Pois o Antigo Testamento deu ao Novo seu lugar /
Venha a fé por suplemento, os sentidos completar.

Ao Eterno Pai cantemos, e a Jesus o Salvador. /
Ao Espírito exaltemos na Trindade eterno amor. /
Ao Deus Uno e Trino demos a alegria do louvor.

Amém... Amém.

Ministro: Graças e louvores se deem a todo momento. (*3x*)

Todos: Ao Santíssimo e Diviníssimo Sacramento. (*3x*)

Ministro: Glória ao Pai, e ao Filho e ao Espírito Santo.

Todos: **Como era no princípio, agora e sempre. Amém.**

Ministro: Oremos: Senhor Jesus Cristo, neste admirável Sacramento, nos deixastes o memorial da vossa paixão. Dai-nos venerar com tão grande amor o mistério do vosso Corpo e do vosso Sangue, e que possamos colher continuamente os frutos da redenção. Vós que reinais com o Pai, na unidade do Espírito Santo.

Todos: **Amém.**

Terminada a oração, o padre ou o diácono faz genuflexão, toma o ostensório e, com ele traça, em silêncio, o sinal da cruz sobre o povo.

O ministro leigo apenas recolhe o Santíssimo, sem dar a bênção.

Todos: **Bendito seja Deus.**

Bendito seja seu santo nome.

Bendito seja Jesus Cristo, verdadeiro Deus e verdadeiro homem.

Bendito seja o nome de Jesus.

Bendito seja o seu sacratíssimo coração.

Bendito seja o seu preciosíssimo sangue.

Bendito seja Jesus no santíssimo sacramento do altar.

Bendito seja o Espírito Santo paráclito.

Bendita seja a grande Mãe de Jesus Cristo, Maria santíssima.

Bendita seja a sua santa e imaculada conceição.

Bendita seja a sua gloriosa assunção.

Bendito seja o nome de Maria, virgem e mãe.

Bendito seja São José, seu castíssimo esposo.

Bendito seja Deus nos seus anjos e nos seus santos.

Canto final.

6. ADORAÇÃO AO SANTÍSSIMO: "FAZEI QUE EU VEJA"

Ministro: Em nome do Pai, do Filho e do Espírito Santo. Amém (*se possível, cantado*).

Esta hora santa será feita de oração de louvor, de entrega, de abandono, cânticos, para que esse Deus seja louvado, adorado e exaltado, e, também, de silêncio para que escutemos o que Deus tem para nos falar e para que digamos a ele o que vai em nosso coração. Queremos hoje vos louvar e vos adorar porque vós sois o nosso Deus, o único Deus, e somos vossos filhos. Queremos estar em contato, em harmonia, em diálogo, louvando e agradecendo pelo vosso amor que nos salvou. Adoremos o Senhor em espírito e verdade, entreguemos em vossas mãos o que somos e o que faremos.

Todos: Eu vos adoro, meu Deus, e vos amo de todo o coração. Agradeço-vos por me terdes criado, feito cristão, e ofereço-vos as minhas ações. Fazei que sejam todas, segundo vossa santa vontade, para a vossa maior glória.

Ministro: Oremos. Senhor, dai-nos a sabedoria que julga do alto e vê longe. Dai-nos o espírito que omite o insignificante em favor do essencial. Ensinai a nos serenar diante da luta e dos obstáculos e a prosseguir na fé, sem agitação, o caminho traçado por vós. Dai-nos uma atividade serena que abrace a totalidade com uma visão unitária. Ajudai-nos a aceitar a crítica e a contradição. Fazei que saibamos evitar a desordem e a dispersão. Que amemos todas as coisas juntamente convosco. Ó Deus, fonte do ser, une-nos a vós e a tudo que converge para a alegria e a eternidade. Amém.

Ato penitencial... mantra... canto...

Ministro: Neste momento vamos refletir sobre as nossas atitudes para com Deus e com o próximo e também sobre as nossas omissões.

Silêncio. Canto: "Renova-me, Senhor".

Liturgia da Palavra

Ministro: Ó Pai, fonte de luz e calor, enviai-nos vossa Palavra viva e fazei que, sem medo, aceitemos ser abrasados por ela. Venha vossa palavra, Senhor e, uma vez acendido em nossos corações vosso fogo inextinguível, nós mesmos seremos portadores desse fogo uns para os outros. Transformai-nos, Senhor, em palavras quentes e luminosas, capazes de incendiar o mundo, para que cada pessoa possa sentir-se cercada pelas chamas infinitas de vosso amor. Amém.

Oração: "Felizes os que creem".

Leitor: Felizes os que não vos viram e mesmo assim creram em vós.

Felizes os que não contemplaram vosso semblante e mesmo assim confessaram vossa divindade.

Todos: Felizes os que, lendo o Evangelho, reconheceram em vós aquele a quem esperavam.

Felizes os que, no segredo de seus corações, escutaram vossa voz e responderam.

Leitor: Felizes os que, animados pelo desejo de tocar Deus, encontraram-vos no mistério.

Felizes os que, no momento de escuridão, aderiram mais fortemente à vossa luz.

Todos: Felizes os que, desconcertados pela provação, mantêm sua confiança em vós.

Felizes os que, tendo a impressão de que estais ausente, continuam a crer em vossa proximidade.

Leitor: Felizes os que não vos viram, mas mesmo assim vivem na firme esperança de vos ver um dia. Amém.

Silêncio. Oração: "Para em tudo amar e servir".

Ministro: Ó Cristo, para poder servir-vos melhor, dai-me um coração generoso: um coração grande que esteja junto de vós nos altos céus, mas capaz de me levar para o encontro dos que mais sofrem, verdadeiro Cireneu para auxiliar a carregar a cruz dos outros; grande em meu trabalho: capaz de optar pelos trabalhos humildes, como uma missão que me confiais e não uma imposição; grande no sofrimento: capaz de carregar a cruz com amor; grande no mundo: compreensivo com as fragilidades humanas; grande como o vosso Sagrado Coração: leal para com todos, atento principalmente para com os pequenos e humildes. Um coração grande, sempre apoiado em vós, meu Senhor, feliz por servir-vos nos meus irmãos, todos os dias de minha vida. Amém.

CANTO DE ACLAMAÇÃO

Ministro: O Senhor esteja convosco.

Todos: **Ele está no meio de nós.**

Ministro: Proclamação do Evangelho de Jesus Cristo, segundo Lucas 18,35-43.

Todos: **Glória a vós, Senhor.**

Ministro: Quando Jesus se aproximava de Jericó, um cego estava à beira do caminho, pedindo esmolas. Ouvindo a multidão passar, ele perguntou o que estava acontecendo. Disseram-lhe que Jesus Nazareno passava por ali. Então o cego gritou.

Todos: **Jesus, Filho de Davi, tende piedade de mim.**

Ministro: As pessoas que iam à frente mandavam que ele ficasse quieto. Mas ele gritava mais ainda:

Todos: **Jesus, Filho de Davi tende piedade de mim.**

Ministro: Jesus parou e mandou que levassem o cego até ele. Quando o cego chegou perto, Jesus perguntou.

Leitor: O que quer que eu faça por você?

Ministro: O cego respondeu:

Todos: Senhor, eu quero ver de novo.

Ministro: Jesus disse.

Leitor: Olhe. A fé curou você.

Ministro: No mesmo instante, o cego começou a ver e seguia Jesus, glorificando a Deus. Vendo isso, todo o povo louvou a Deus.

Todos: A luz que venceu as trevas chegou para nós. E agora o nosso rosto brilha pelo esplendor de vossa luz, Senhor.

Ministro: Ao aproximar-se Jesus de Jericó, estava um cego sentado à beira do caminho, pedindo esmolas. Ouvindo-o passar, começou a gritar: "Jesus, Filho de Davi, tende compaixão de mim".

Todos: Senhor, também nós somos cegos. Ficamos cegos pelo ódio e pelo racismo, pelas coisas vazias, pelo dinheiro gasto sem critérios e pelo ócio. Somos cegos... Senhor, e não podemos ver o vosso sorriso e a vossa luz. Por isso não nos aproximamos do vosso amor. Tende piedade de nós: fazei que os nossos olhos se abram.

Canto. Silêncio.

Ministro: Então Jesus disse ao cego: "Abra os olhos e veja!"...

Todos: Senhor, eu vejo. Vejo com os vossos olhos, cheios de esperança no ser humano. Vejo florescer o amor onde há ódio; vejo nascer o sorriso onde há dor; percebo a vossa mão que acaricia as crianças famintas e as sacia. Senhor, com os vossos olhos vejo aquilo que o ser humano não vê e vejo além do que eles enxergam: um jardim onde hoje é deserto, a alegria onde hoje reina ainda a morte.

Ministro: Então o cego seguiu Jesus, louvando a Deus...

Silêncio. Canto.

Ministro: Olhando uma flor acariciada pelo sol...

Todos: Nós vos louvamos, Senhor.

Ministro: Pela alegria e pelo sorriso,

Todos: Nós vos louvamos, Senhor.

Ministro: Pelo esplendor de vossa pureza,

Todos: Nós vos louvamos, Senhor.

Ministro: Entusiasmando-nos por tudo aquilo que é belo e bom,

Todos: Nós vos louvamos, Senhor.

Ministro: Alargando o nosso amor aos outros,

Todos: Nós vos louvamos, Senhor.

Ministro: Olhando o mundo com os vossos olhos,

Todos: Nós vos louvamos, Senhor.

Silêncio. Oração.

Ministro: Senhor, peço-vos a graça de saber unir as mãos de meus irmãos e equilibrar com harmonia: trabalho, descanso, catequese, oração e vida.

Todos: Senhor, atendei as nossas preces.

Ministro: Senhor, que saibamos conduzir nossa vida com fé, amor, alegria e esperança, transformando cada dia num salmo de gratidão.

Todos: Senhor, atendei as nossas preces.

Ministro: Senhor, ajudai-nos a fazer da nossa vida um altar do nosso trabalho, um gesto de redenção, da oração uma fortaleza.

Todos: Senhor, atendei as nossas preces.

Ministro: Senhor, um dos grandes sofrimentos do ser humano é sentir-se sozinho, inútil, abandonado. Fazei, Senhor, com que estejamos sempre atentos para acolher nosso irmão e sejamos para ele alento, amor.

Todos: Senhor, atendei as nossas preces.

Ministro: Senhor, fonte de vida, amor e santidade, ajudai-nos a trilhar sempre o caminho por vós indicado.

Todos: Senhor, atendei as nossas preces.

Ministro: Senhor, fazei crescer em nós cada dia a fé, o amor ao próximo, e a disponibilidade para vos servir.

Todos: Senhor, atendei as nossas preces.

Ministro: Senhor, fazei com que a nossa vida seja uma caminhada de fé, esperança e amizade com Deus e com os irmãos.

Todos: Senhor, atendei as nossas preces.

Ministro: Senhor, que saibamos conduzir com amor a missão que Jesus nos confiou: "Vão pelo mundo afora anunciar a todos os povos".

Todos: Senhor, atendei as nossas preces.

Rito de conclusão

De joelhos.

Tão sublime sacramento, adoremos neste altar. /
Pois o Antigo Testamento deu ao Novo seu lugar /
Venha a fé por suplemento, os sentidos completar.

Ao Eterno Pai cantemos, e a Jesus o Salvador. /
Ao Espírito exaltemos na Trindade eterno amor. /
Ao Deus Uno e Trino demos a alegria do louvor.

Amém... Amém.

Ministro: Graças e louvores se deem a todo momento. (*3x*)

Todos: Ao Santíssimo e Diviníssimo Sacramento. (3x)

Ministro: Glória ao Pai, e ao Filho e ao Espírito Santo.

Todos: Como era no princípio, agora e sempre. Amém.

Ministro: Oremos: Senhor Jesus Cristo, neste admirável Sacramento, nos deixastes o memorial da vossa paixão. Dai-nos venerar com tão grande amor o mistério do vosso Corpo e do vosso Sangue, e que possamos colher continuamente os frutos da redenção. Vós que reinais com o Pai, na unidade do Espírito Santo.

Todos: Amém.

Terminada a oração, o padre ou o diácono faz genuflexão, toma o ostensório e, com ele traça, em silêncio, o sinal da cruz sobre o povo.

O ministro leigo apenas recolhe o Santíssimo, sem dar a bênção.

Todos: Bendito seja Deus.
Bendito seja seu santo nome.
Bendito seja Jesus Cristo, verdadeiro Deus e verdadeiro homem.
Bendito seja o nome de Jesus.
Bendito seja o seu sacratíssimo coração.
Bendito seja o seu preciosíssimo sangue.
Bendito seja Jesus no santíssimo sacramento do altar.
Bendito seja o Espírito Santo paráclito.
Bendita seja a grande Mãe de Jesus Cristo, Maria santíssima.
Bendita seja a sua santa e imaculada conceição.
Bendita seja a sua gloriosa assunção.
Bendito seja o nome de Maria, virgem e mãe.
Bendito seja São José, seu castíssimo esposo.
Bendito seja Deus nos seus anjos e nos seus santos.

Canto final.

7. RITO DA COMUNHÃO DOS ENFERMOS

Preparar uma mesinha forrada
com uma ou duas velas acesas e um crucifixo.

Ministro: A paz esteja nesta casa e com todos os seus moradores. Amém.

Depor o sacramento sobre a mesa e adorá-lo
com todos os presentes.
Se for oportuno, aspergir o doente.

Ministro: Esta água benta é o memorial vivo de nossa libertação. Assim como os hebreus atravessaram o mar Vermelho e foram salvos, pelo banho batismal nos tornamos filhos de Deus e passamos a formar o corpo de Cristo Ressuscitado.

Todos: **Glória a vós, Senhor.**

Ministro: Senhor, vós nos criastes para a vida. Olhai para nós, cheios de fraquezas. Perdoai nossos pecados e tende piedade de nós.

Todos: **Senhor, tende piedade de nós.**

Ministro: Cristo, que morrestes na cruz por causa de nossos pecados, fazei valer o vosso sangue divino, perdoai os nossos pecados. Cristo, tende piedade de nós.

Todos: **Cristo, tende piedade de nós.**

Ministro: Senhor, vós nos chamastes a viver na vossa Igreja uma vida de amor em comunidade. Mas nós muitas vezes falhamos e vivemos no egoísmo. Por isso pedimos: perdoai nossos pecados. Senhor, tende piedade de nós.

Todos: Senhor, tende piedade de nós.

Liturgia da Palavra

Ministro: Disse Jesus: "Nem só de pão vive o homem, mas de toda palavra que sai da boca de Deus" (Mt 4,4).

Ministro: O Senhor esteja convosco.

Todos: Ele está no meio de nós.

Ministro: Proclamação do Evangelho de Jesus Cristo, segundo João 6,54-55.

Todos: Glória a vós, Senhor.

Ministro: "Quem come a minha carne e bebe o meu sangue tem a vida eterna, e eu o ressuscitarei no último dia, porque a minha carne é verdadeira comida e o meu sangue é verdadeira bebida". **Palavra da Salvação.**

Todos: Glória a vós, Senhor.

Prece

Ministro: Ó Jesus, cremos firmemente que estais aqui, neste Santíssimo Sacramento. Nós vos adoramos, com os anjos e os santos, e com todos os irmãos e irmãs na fé. Nós vos agradecemos porque neste alimento salutar nos dais uma vida nova, a vida eterna. Vinde, hoje, alimentar com vossa presença salvadora este nosso irmão N. (*dizer o nome*) que precisa de saúde no corpo e na alma.

Ministro: Senhor, permanecei junto de nós e fortificai nossa fé. Aumentai nossa esperança. E fazei que vos amemos cada vez mais, e amemos igualmente todos os nossos irmãos.

Jesus, vamos agora rezar ao Pai, que enviou aos nossos corações o vosso Espírito Santo que clama em nós:

Todos: **Pai nosso...**

Rito de comunhão

Ministro: Felizes os convidados para a Ceia do Senhor. Provai e vede como o Senhor é bom. Eis o Cordeiro de Deus que tira os pecados do mundo.

Todos: **Senhor, eu não sou digno de que entreis em minha morada, mas dizei uma só palavra e serei salvo.**

Quando o doente não puder comungar a partícula inteira, o ministro partirá a hóstia e oferecerá uma parte menor.

Ministro: Oremos: Senhor, Pai Santo, Deus todo-poderoso, nós vos pedimos, confiantes, que o sagrado Corpo de vosso Filho, nosso Senhor Jesus Cristo, seja para este nosso irmão um remédio de eternidade, tanto para o corpo como para a alma. Por nosso Senhor Jesus Cristo, vosso Filho, na unidade do Espírito Santo. Amém.

Bênção final

Ministro: O Senhor esteja convosco.

Ministro: Deus Pai te dê a sua bênção. Deus Filho te conceda a saúde. Deus Espírito Santo te ilumine. Guarde o teu corpo e salve a tua alma. Encha de luz teu coração e te conduza à vida eterna. Amém.

Ministro: E a todos nós, aqui reunidos, abençoe-nos o Deus todo-poderoso, Pai e Filho e Espírito Santo. Amém.

Ministro: Bendigamos ao Senhor.

Todos: Graças a Deus.

EXÉQUIAS

Desde o amanhecer da humanidade, os sepultamentos sempre vieram acompanhados de ritos religiosos. O ciclo de 24 horas (um dia) é o tempo que as pessoas atualmente se obrigam a velar o corpo do falecido. O direito sagrado de ver e tocar seu morto e dar-lhe sepultura é um dever e uma honra na tradição cristã (Dt 21,23). Desfaz-se o corpo material e reforça-se o corpo social com a presença dos amigos e familiares. A comunidade (igreja) se faz presente de forma muito precisa para conduzir o luto de forma sadia e não permanecer na melancolia. As exéquias de corpo presente auxiliam as pessoas a interiorizarem que a pessoa querida morreu. Por isso, deve-se fazer um ritual adequado à situação vivida pela família, com cuidado e poesia.

As exéquias são ritos e orações, em nome da Igreja Católica, por aquele que se despede de nós na terra. Destacam-se nesse momento o acolhimento, a leitura da Sagrada Escritura, a oração comunitária e a encomendação.

No contexto da crescente descristianização e do afastamento das práticas religiosas católicas em geral, o momento da morte e da celebração das exéquias apresenta-se como uma ocasião oportuna para o encontro dos fiéis que não frequentam a igreja. "Os fiéis não ordenados podem dirigir as exéquias eclesiásticas somente nos casos de verdadeira falta de um ministro ordenado e observando as respectivas normas litúrgicas. Eles devem ser bem preparados para esta tarefa, tanto do ponto de vista doutrinal como litúrgico."[1]

---

[1] Instrução acerca de Algumas Questões sobre a Colaboração dos Fiéis Leigos no Sagrado Ministério dos Sacerdotes (15.08.1997). Congregação para o Clero, no Artigo 12. Cidade do Vaticano: Libreria Editrice Vaticana. Conforme *Ordo Exsequiarum*, praenotanda, n. 19.

8. PASTORAL DA ESPERANÇA

A Pastoral da Esperança quer ser uma presença amiga, fraterna e solidária da comunidade eclesial junto àqueles que passam por um momento de dor, prestando consolo espiritual com base em nossa esperança na ressurreição e, ao mesmo tempo, apresentando súplicas para as pessoas que faleceram. A Pastoral da Esperança deve lembrar aos presentes que a vida cristã não está limitada à realidade terrena, mas vai além desse tempo e desse lugar em que vivemos aqui e agora. O Senhor Ressuscitado é o modelo da nossa realidade futura, é ele quem nos pode reanimar e nos levar a superar a perda sofrida (cf. Jo 11,25; Rm 6,4; Ef 2,6; Cl 3,1; 2Tm 2,11).

A tarefa principal da Pastoral da Esperança é a de, quando ocorre o falecimento de alguém, dar conforto espiritual aos enlutados, celebrar as exéquias. Esse ritual pode ser realizado por um ministro devidamente preparado para essa função. Pelo ritual das exéquias, expressamos a nossa fé na ressurreição. Nós acreditamos que a morte não é o final do caminho, mas o início de uma vida no purgatório ou junto de Deus. Por isso, nesta celebração, nos despedimos dos nossos irmãos falecidos na esperança de que Deus os acolha na sua casa e, um dia, esperamos nos encontrar com eles nos céus. Assim, encomendamos a pessoa a Deus enquanto sepultamos ou cremamos seu corpo na terra. A comunidade manifesta nesse gesto de caridade a sua fidelidade à fé em Jesus Ressuscitado.

Através da Pastoral da Esperança, a Igreja possibilita a realização da celebração das exéquias e de outras atividades pertinentes que facilitam a vivência da perda de pessoa querida. Os familiares muitas vezes não chamam alguém para acompanhá-los nestes momentos por desconhecerem o trabalho dessa Pastoral. O objetivo não é só encomendar os mortos a Deus, mas também sustentar a esperança dos familiares na ressurreição dos que foram batizados juntamente com Cristo e dar testemunho dessa fé. A Igreja busca sustentar e ampliar a esperança como virtude teologal, pois, além da realidade da vida já ser difícil, principalmente para os mais pobres, não é fácil lidar com as perdas, o vazio da ausência, a saudade e o abismo da separação.

Portanto, a Pastoral da Esperança pode ter outros desdobramentos, além das exéquias, ao levar essa esperança, consolar e reavivar a fé no nosso Deus que ressuscitou Jesus e ressuscita os que nele morrem. E percebemos que muitos são os suicídios, os assassinatos, os acidentados..., um retrato da vida e da morte do povo humilde, vítima de tantas violências e injustiças neste mundo urbano.

Organização e objetivos da Pastoral da Esperança

A Pastoral da Esperança se organiza com membros das diversas comunidades de diferentes paróquias que formam a diocese. Coloca-se à disposição para as atividades pastorais, com dois ou três membros, em um dia do mês, de modo especial nas capelas mortuárias. Um coordenador, com um secretário, com seus vices e um assessor que encaminham as demandas da Pastoral da Esperança. Por exemplo, quando surge algum problema na distribuição e disponibilidade do ministro que está escalado, este deve acionar a coordenação. Depois do curso de formação, continuam as reuniões e retiros anuais.

Os ministros da esperança estarão presentes para rezar junto com os familiares e amigos dos falecidos, confortar e dar esperança.

Condições para o exercício da missão na Pastoral da Esperança

A Pastoral da Esperança realiza suas atividades integradas às demais pastorais (Familiar, da Liturgia, da Saúde...), em estreita colaboração com os ministros da Eucaristia. Por estarmos num contexto plurirreligioso, há que procurar articular-se e ter bom entrosamento com pastores de outros credos.

Os ministros da esperança podem lembrar os falecidos nas suas comunidades, auxiliar na hora das intenções de missas e preparar missas e celebrações nos cemitérios, principalmente no Dia das Mães, Dia dos Pais e Finados, pois essas celebrações podem acontecer nos cemitérios ou nas comunidades. Por isso, o ministro da esperança deve:

- ser uma pessoa de esperança, acolhedora, atenciosa e devidamente preparada;
- dar testemunho de vida cristã;
- ser disponível para as necessidades da comunidade eclesial;
- ter sensibilidade para com o sofrimento humano e estar preparado para confortar com uma palavra de esperança, diante da dor e das necessidades da vida cristã dos familiares e amigos do falecido.

Sete prioridades da Pastoral da Esperança: a missão

1. Confortar espiritualmente as famílias enlutadas (através de celebrações bem preparadas, visitas, presença, abraços fraternos etc.).

2. Assistir essas famílias nos velórios e demais solicitações dentro dos limites da disponibilidade dos ministros da esperança.

3. Preparar com especial zelo a celebração das exéquias, considerando o profundo sentido pascal da morte cristã, a sensibilidade dos presentes e a necessidade de se aproveitar o momento para trazer o real sentido da morte e ressurreição.

4. Celebrar as exéquias valorizando todos os símbolos inerentes àquele momento (a Bíblia, as velas, as flores, a cruz, a água benta, o rosário etc.). A Pastoral da Esperança consola e faz uso de sugestões de leituras (livros) e manuais que sejam adequados para auxiliar na elaboração interna das dores humanas e na celebração das exéquias.

5. Realizar encontros de oração nas residências das famílias enlutadas, quando solicitados.

6. Evangelizar com palavras e ações, rezar pela pessoa que morreu, pela sua ressurreição.

7. Aproveitar o momento de sensibilidade humana diante da morte para falar a todos da esperança e da necessidade da fé na ressurreição dos mortos como ponto central da vida cristã.

Os 10 mandamentos da Pastoral da Esperança

1. Ser presença da Igreja junto às famílias enlutadas através de gestos, atitudes e serviços que testemunhem a compaixão humana, ajudem a encontrar o sentido da vida e da morte, para consolar parentes, amigos ou vizinhos e aprofundar a fé na ressurreição.

2. Levar mensagem de conforto e esperança às pessoas enlutadas; acolher e encorajar indistintamente todas as famílias, estando presente nos velórios e sepultamentos em nossas comunidades.

3. Confortar espiritualmente as famílias enlutadas, através de celebrações e visitas; assistir as famílias nos velórios; preparar com especial zelo a celebração das exéquias, considerando o profundo sentido pascal da morte cristã, a sensibilidade dos presentes e a necessidade de se aproveitar o momento para trazer o real sentido da morte e ressurreição; fazer o acompanhamento da família durante os sete ou nove dias de luto, caso a família queira rezar durante estes dias.

4. Priorizar a formação e a espiritualidade dos membros da Pastoral da Esperança para um maior compromisso evangelizador e para poder ser presença misericordiosa junto às famílias enlutadas, levando a mensagem salvífica de Cristo, testemunhando a compaixão humana e solidária no anúncio de Cristo ressuscitado, nossa esperança.

5. Motivar a participação de todos nas orações, missas e celebrações, especialmente as celebrações de corpo presente nas casas mortuárias e cemitérios, mas também as celebrações de sétimo, nono, ou trigésimo dia, ou no aniversário de falecimento.

6. Por ocasião do sétimo ou nono dia, orientar os familiares para que sejam realizadas missas ou celebração no final de semana ou mesmo durante a semana. Caso haja necessidade de a família fazer a celebração em outro horário, isso poderá ser feito, pelo ministro da esperança, na igreja ou na casa da família enlutada.

7. Colaborar com o plantão ou a escala nas capelas mortuárias. As equipes podem também acompanhar e atuar nas famílias lá onde elas vivem, pois quase sempre os velórios ocorrem longe das comunidades onde essas pessoas moram. Ali vemos a possibilidade de um serviço de evangelização através das celebrações dos "sete" ou "nove" dias, o qual consiste em acompanhar a família e os amigos nesse período, realizando pequenos encontros na residência com a oração do rosário.

8. Estar informado a respeito dos trâmites eclesiais e civis para velórios e sepultamentos. Caso a morte tenha sido por acidente, orientar os familiares como se deve proceder etc. Orientar também sobre funerária, como devem proceder diante do fato acontecido. Procurar saber sobre os procedimentos burocráticos para sepultamento de uma pessoa falecida. Não assinar documentos no lugar da família do falecido para os encaminhamentos dos funerais, isso fica a cargo dos familiares. Providenciar sepultamento digno também para os indigentes ou pessoas que não tenham família, no momento, mas ter cuidado para não se responsabilizar em nome da Pastoral da Esperança.

9. Ser presença da Pastoral da Esperança nas suas comunidades eclesiais. A Pastoral da Esperança dará apoio às comunidades, caso seja necessário, para celebrarem juntas as exéquias. Auxiliar e dinamizar as missas e celebrações no dia dos Finados. Dependendo da disponibilidade dos membros da Pastoral, pode-se visitar os doentes de nossas comunidades, juntamente com outras pastorais que fazem esse tipo de trabalho, ou até mesmo sozinhos.

10. Articular-se com a Igreja, através dos padres ou ministros da Eucaristia. Caso o padre não possa estar, os membros da Pastoral da Esperança estão autorizados a fazer a celebração de corpo presente ou de sétimo dia. Caso houver ministro da Eucaristia, a Pastoral da Esperança os convidará a colaborar.

A importância da Pastoral da Esperança está em confortar famílias enlutadas como trabalho de Igreja. Por isso, a formação dos agentes dessa Pastoral acontece de forma permanente. As pessoas, quando recebem a notícia de que uma pessoa querida morreu, reagem das mais diversas maneiras. Por esse motivo, é importante uma formação humana, psicológica e espiritual dos agentes que se dispõem a ajudar nessa missão. É preciso saber como se comportar, o que dizer e, principalmente, o que não dizer para pessoas que experimentam a fragilidade e a dor. O importante é saber o que a Igreja diz sobre a morte, sobre o destino após a morte etc. e ressaltar a esperança na ressurreição.

A experiência obtida de alegria com Jesus Ressuscitado foi em uma missa de corpo presente de uma pessoa querida, onde o padre me fez pensar e refletir sobre o ciclo da vida onde morremos para a vida uterina para nascer para a vida terrena. Um bebê vive nove meses mergulhado no líquido amniótico, protegido pela mãe. Quando nascemos, choramos por achar que o ventre da mãe é a vida ideal, mas aqui já podemos abrir os olhos e enxergar. Assim como hoje acreditamos que nossa vida aqui é a ideal, no ventre da terra, com mais autonomia. Mas, na verdade, precisamos morrer para nascer para a vida eterna sem os limites físicos, morais e espirituais daqui. Cristo, após ressuscitar, voltou para provar que isso é uma grande verdade para todos nós! (depoimento do ministro da esperança Cássio Roberto Ribeiro da Silva, no dia 11\04\2015).

9. CELEBRAÇÃO DE EXÉQUIAS

As celebrações de exéquias são atos litúrgicos apropriados para o momento de passagem, de sofrimento e de luto. Cristo se torna presente e nos faz participantes de seu mistério pascal pela reunião da comunidade, pelas leituras proclamadas e pelos cantos e orações. O texto oficial da Igreja para celebrar as exéquias, conhecido como *Ritual de Paulo VI*, é o *Ritual de exéquias*, que foi promulgado pela Sagrada Congregação para o Culto Divino, em 1969, e adaptado pela CNBB.

Velar o corpo de uma pessoa que faleceu é caridade, assim como é caridade sepultá-lo de forma digna. Por isso, é muito positivo acompanhar a família enlutada e rezar o rosário. Como discípulos de Cristo, queremos que o falecido tenha o perdão de seus pecados e se encontre com Jesus Cristo.

Importante, antes de cumprir o dia de serviço como ministro da esperança, é fazer sua oração: recolher a Bíblia, o livro de rituais do ministro, a água benta, o rosário etc. e seguir para as capelas mortuárias. Antes de entrar no cemitério ou na capela, fazer o sinal da cruz, pois entrará num território sagrado, onde será o Cristo para os demais. Esse mesmo sinal da cruz é feito pelo ministro, quando sai agradecendo o dia de trabalho e a missão cumprida.

Concretamente, chega-se à capela mortuária ou ao cemitério e procura-se saber se há algum falecido ou se está previsto algum sepultamento. Ao entrar na capela mortuária, o ministro primeiro reza junto ao corpo do falecido, pois isso manifesta respeito pelo falecido e pelos seus parentes. Essa entrada ritualizada auxilia a dar tempo para as pessoas se familiarizem com sua presença.

Em seguida, dirige-se à família do falecido e apresenta-se como Igreja Católica, trajando vestimenta própria (de preferência uma blusa branca com o crachá da Pastoral da Esperança ou alguma outra identificação pessoal). Pergunta se gostaria de que se fizesse uma oração. Quando a resposta é positiva, pode-se perguntar se deseja as exéquias oficiais da Igreja Católica e se prefere que o ritual seja feito por um padre ou diácono, ou se pode ser feito pelos ministros mesmos. Caso a família não queira o ritual, por ser de outra religião ou por outro motivo, o ministro agradece à família e retira-se do ambiente discretamente.

Caso a família aceite a oração pública, procure saber, de uma pessoa não muito próxima, alguns dados do falecido: nome, idade, nome dos pais, irmãos, filhos, netos, para rezar por eles nas preces; se era católico ou não... circunstâncias do falecimento. Use os dados de forma adequada, somente se não for dramático demais.

Na capela, prepare a celebração para cumprir o horário marcado com a família. Pode-se rezar o rosário e cantar alguns cantos e fazer a celebração de exéquias. Esperar que se juntem as pessoas. Posicionar-se na cabeceira da urna e esperar os parentes mais próximos, que porventura saíram ou estão em diálogo por perto, sem pressa. Iniciar e concluir com o sinal da cruz e, então, solicitar silêncio e entrar em profunda oração.

> Os ritos não são definitivos. Caminham conosco para os céus. Eles seguem sendo construídos pelas comunidades, pelas culturas e pelas manifestações de Deus na história de cada povo. Mesmo assim, os símbolos universais, ou quase, mobilizados na celebração de exéquias, indicam os tesouros recolhidos nesta arca de ritos litúrgicos católicos (MIRANDA, 1996, p. 34).

Estamos em *transitus* da comunidade eclesial, somos peregrinos neste mundo (Igreja peregrina) para os céus (Igreja gloriosa). Conforme Jo 12,24-25, quando chega a hora da semeadura e da colheita, o grão de trigo frutificará, ser for enterrado para produzir mais frutos. O rito de exéquias acontece em favor dos mortos e dos vivos: "Quer vivamos quer morramos, pertencemos ao Senhor" (Rm 14,8b). O corpo do irmão é devolvido à criação (a matéria se desintegrará e se reintegrará aos ciclos e elementos da natureza), enquanto pessoa. Ele é templo de Deus e morada do Espírito Santo, e volta ao Criador (de quem saímos e para quem voltamos). Ofertar o falecido é um gesto de bondade, de desapego, de reconhecimento e de gratuidade. Assim, pode-se estender a mão direita em direção ao falecido, com a palma voltada para cima, para entregar e dar a Deus o falecido que veio de Deus, e rezar, juntos, o Pai-Nosso...

Para muitas pessoas, essa é uma hora de desatar os nós, soltar-se do falecido em profundo desapego para que vá habitar no seio de Abraão, nos céus com os anjos e santos.

Todo batizado é pobre e pecador, mas busca a comunhão com Cristo e espera receber o perdão definitivo de seus pecados pela misericórdia do Pai. Uma vez tendo participado da morte com Cristo como forma de entrega definitiva a Deus, espera partilhar de sua glória e ressurreição. Essa é a nossa oração de intercessão e propiciação enraizada no sacrifício de Cristo na Eucaristia.

A morte é um mistério impenetrável, mesmo para quem crê na ressurreição, e somente a conheceremos passando por ela. A morte é limite, e não fim, mas o modo de seguir Jesus, que também passou pela vida humana, morte, sepultamento e ressurreição. Nosso irmão falecido está seguindo Jesus em todos os seus passos...

O cristão é enxertado sacramentalmente no mistério da morte e ressurreição de Jesus Cristo no Batismo e, por meio da morte física, participa de forma suprassacramental da ressurreição para a vida eterna com Deus. Nas exéquias, como ato litúrgico público, ritualizamos essa morte física como forma de seguir os passos de Jesus Cristo que morreu na cruz. Nesse ritual, pedimos que o falecido partilhe da glória e ressurreição de Cristo, ou seja, da plenitude de uma vida interior iniciada no Batismo, agora na parusia. Por isso, é importante o sacramental da água benta para aspergir sobre o corpo da pessoa, local privilegiado no qual a pessoa falecida se manifestava enquanto vivia na terra.

Observamos que os ministros "não só devem ter diante dos olhos a pessoa de cada morto e as circunstâncias de sua morte, como também, afável e compreensivamente, devem considerar a dor e as necessidades da vida cristã dos familiares" (*Ritual de exéquias de Paulo VI*, p. 12). Desde o momento de espera da chegada do corpo, podem-se fazer orações de vigília, passando pelo momento em que o corpo é colocado na urna e o velório como um todo. Todos esses são momentos de vivência do mistério de Cristo na pessoa que partiu.

O ritual varia conforme as circunstâncias: o tempo litúrgico, se adulto ou criança, se batizado ou não, se o corpo for velado em um ou em outro local: na casa do morto, na capela (mortuária) e no cemitério, junto à sepultura. O importante é harmonizar o ritual com leituras bíblicas, orações para os diversos momentos e locais apropriados, segundo os ritos da Igreja. Com o desenrolar do tempo, pensar nas exortações mais adequadas para a encomendação. A última despedida e a bênção da sepultura se tornam importantes quando o ministro pode acompanhar, e é possível mesclá-las com cantos e a oração do rosário. Os rituais aqui codificados são indicações, roteiros que devem ser ajustados pela inspiração dos ministros da esperança. Não podem faltar:

1. Acolhida do corpo e da comunidade. Assim como Cristo preparou um lugar de honra para nós (Jo 14,1-6), o corpo fica no centro do local do velório.

2. Celebração da Palavra. "Para a Igreja somente a Palavra, *proclamada e aceita*, assegura às exéquias seu caráter de expressão da fé cristã! No novo rito, a Palavra de Deus é um elemento imprescindível e fundamental. A homilia exclui o gênero 'elogio fúnebre' e adapta-se a cada caso" (MIRANDA, 1996 p. 45).

Depois da escolha dos textos bíblicos adequados, na homilia pode-se perguntar: o que o Espírito de Deus quer que se aprenda com essa morte? No Batismo, começamos a nascer e, agora, na morte, completamos a caminhada na terra. Um novo começo acontece quando, desligados das amarras e dos sofrimentos próprios daqui, nos encontramos com um corpo transformado, pois cremos firmemente que a morte é a entrada para uma vida em plenitude.

O dia da passagem dos santos e mártires para a outra margem é o dia da morte e ressurreição, o verdadeiro dia de nosso nascimento. Este nascimento cósmico é evocado no martírio por causa do testemunho sem igual de amor em vida e na própria morte, com o sangue derramado. O falecido não nos pertencia, não viveu e não morreu para si mesmo, mas para Deus (Rm 14,7). Por isso, deixou conosco a sua herança para guardar em vasos de argila. E nosso coração está inquieto enquanto não descansa em Deus (Santo Agostinho).

3. A oração do Pai-Nosso, o reconhecimento de que somos filhos de Deus. Por isso existe a entrega do falecido nas mãos do Pai Eterno por meio de Jesus Cristo, na unidade do Espírito Santo. No Batismo, pais e padrinhos se comprometeram a acompanhar o falecido para que crescesse na fé, aprendesse e gravasse a oração do Pai-Nosso no coração. Agora, a comunidade reza em nome e pelo irmão falecido a mesma oração, pois assim se abrem as portas dos céus ao filho exilado.

4. Encomendação. As pessoas podem participar da encomendação em silêncio, de mãos postas ou elevadas. É uma evocação ao mistério pascal de Cristo que proporciona o perdão dos pecados e das fraquezas do falecido, para que ele seja acolhido no seio do Senhor.

5. Bênção do corpo com água benta. Estamos ali para abençoar, perdoar e amar, mas nunca para amaldiçoar. A água do Batismo nos possibilitou participar pela primeira vez da páscoa de Cristo, na qual fomos enxertados; a aspersão nos recorda que o falecido cumpriu a jornada do Batismo e, agora, celebra sua páscoa (passagem) definitiva em Cristo Jesus.

6. Despedida. Pode-se lembrar aos presentes que estamos na Sexta-feira Santa e que, durante o sepultamento, estaremos entrando no Sábado Santo, sem a presença do corpo de Cristo e do falecido, para esperar a Páscoa. Quando nos lembrarmos dele, rezaremos por ele. Avisar também sobre a importância de celebrar uma missa pelo falecido etc. Quando pequenos, nossos pais e padrinhos nos levaram para ser batizados, agora levamos nossos pais e padrinhos para serem sepultados, e aguardarmos o seu novo nascimento. "Plantemos nossos mortos como sementes e os regamos com nossas lágrimas enquanto aguardamos a floração da ressurreição. Que essa morte nos ilumine, como o Cristo nos iluminou com sua morte e ressurreição" (MIRANDA, 1996, p. 54).

7. Bênção e saudação final. Pode-se também evocar a bênção para a família e amigos, a fim de continuarem no caminho de Jesus, como batizados. Concluir o ritual com o sinal da cruz, forma adequada de tomar a nossa cruz para caminhar com Jesus Cristo (Lc 9,23).

Para termos o domínio da nossa cruz, temos que nos levantar quando cairmos ou manter-nos de pé. Apesar da dor da morte e da perda, podemos fazer como Jesus: levantar a nossa cruz com grandeza moral e espiritual. Na força do Espírito, podemos tomar a própria morte nas mãos, como sujeitos, e restaurar a nós mesmos, no sentido de começar, iniciar, estabelecer, formar, promover, fundar, inaugurar, organizar, renovar etc. "Deixamos a celebração das exéquias caminhando, com nossas pernas e nossos pés, restaurados e inseridos em nós mesmos!" (MIRANDA, 1996, p. 58). Concluir com cântico adequado para que as pessoas possam se abraçar e manifestar seus sentimentos de solidariedade e esperança...

A maneira humana de pensar o tempo abaixo nos abre a possibilidade do purgatório e da generosidade do Deus Eterno, para quem um dia é como mil anos ou mil anos é como um segundo:

> Nas exéquias de seus filhos, a Igreja celebra com fé o mistério pascal de Cristo, de modo que os que se fizeram um só corpo com o Cristo – mortos e ressuscitados com ele no batismo – também com ele passem da morte à vida (sentido pascal): primeiro com a alma, que deverá purificar-se para entrar no céu com os santos e eleitos; depois com o corpo, que deve aguardar a feliz esperança da vinda do Cristo e da ressurreição dos mortos (introdução do *Ritual de exéquias*).

Elementos mais significativos nas exéquias:

1. A morte como participação no mistério pascal de Cristo; a morte e a sepultura são palpáveis, visíveis... a ressurreição é esperança (parusia). Lembramos que Jesus Cristo fez mais pelo falecido do que ele mesmo ou nós podemos fazer, por isso confiamos na misericórdia infinita do Pai.

2. Veneração, cuidados e atenções ao corpo como expressão visível da unidade invisível da pessoa, templo da Trindade Santa, na esperança da ressurreição da pessoa falecida com a identidade e nome que teve enquanto viveu na terra.

3. Oração pelo falecido é sufrágio, pois não damos conta de sermos santos enquanto estávamos na terra, por causa de nossas debilidades pessoais. Mas é Cristo que salva, e a Igreja (peregrina e gloriosa) intercede pelo falecido.

4. Oração pelos que sofrem com a morte do falecido: pedimos o consolo de Deus para os presentes, e assim auxiliamos a passar pela dor para chegar a uma vida transformada; aprender com a morte a ser melhor, perdoar, superar os remorsos... libertar-se, na esperança da ressurreição.

"A morte foi tragada na vitória de Cristo. Ó morte, onde está a tua vitória? Morte, onde está o teu aguilhão?" (1Cor 15,55).

10. EXÉQUIAS: CRER FIRMEMENTE

Aproximando-se a hora do enterro,
ao redor do falecido, o ministro convida os parentes
e amigos para o acompanharem na oração.

Ministro: Em nome do Pai, e do Filho † e do Espírito Santo.

Todos: Amém.

Ministro: A graça e a paz da parte de Deus, nosso Pai, e do Senhor Jesus Cristo estejam convosco.

Todos: Bendito seja Deus que nos reuniu no amor de Cristo.

Ministro: Meus irmãos, estamos aqui reunidos para rezar por este irmão *N.* que terminou sua caminhada na terra. Queremos agora professar nossa fé na ressurreição e elevar nossas preces ao Deus da vida, para que *N.* seja acolhido por Deus nos céus.

Ministro: Oremos... (pausa) Ó Deus, glória dos fiéis e vida dos justos, que nos redimistes pela Páscoa do vosso Filho, concedei a vosso servo *N.* que, tendo professado sua fé no mistério da ressurreição, participe, agora, da plenitude da vida na glória dos céus. Por nosso Senhor Jesus Cristo, vosso Filho † na unidade do Espírito Santo.

Todos: Amém.

Ministro: Irmãos e irmãs, elevemos a nossa oração a Deus Pai todo-poderoso, que ressuscitou a Jesus Cristo, seu Filho, e imploremos a paz e a salvação de todos que falecem, dizendo (*ou cantando*):

Todos: Senhor, socorrei-nos e salvai-nos.

1. Por todo o povo cristão, para que o Senhor o confirme na unidade da fé e na esperança da vinda gloriosa de Cristo, rezemos.

2. Pelos que sofrem no corpo ou na alma, para que sintam sempre junto de si a presença do Senhor, rezemos.

3. Pelos nossos irmãos entristecidos pela perda de *N.*, para que o Senhor os auxilie e conforte com a certeza de que ele vive feliz em Cristo, rezemos.

4. Pelas crianças, para que conservem a inocência, e pelas famílias, para que nelas reine a paz e a santidade, rezemos.

5. Por todos nós que participamos nesta celebração, para que a providência paterna de Deus nos assista e proteja pelos caminhos da vida, rezemos.

Ministro: Senhor, que conheceis a nossa profunda tristeza pela morte de *N.*, ouvi os pedidos que humildemente fizemos e concedei que, animados pela fé na vossa providência de Deus, nos consolemos com a esperança da ressurreição. Por Cristo, Senhor nosso. Amém.

Liturgia da Palavra

Leitor: Leitura da segunda carta de São Paulo aos Coríntios (2Cor 5,1.6-10a). Irmãos: sabemos que, se a nossa habitação terrestre, esta tenda em que vivemos, for dissolvida, possuímos uma casa que é obra de Deus, uma eterna morada nos céus, que não é feita pela mão humana. Por isso, somos sempre cheios de coragem, sabendo que, enquanto habitarmos neste corpo, estamos exilados, longe do Senhor, pois caminhamos pela fé e não pela visão. Cheios dessa confiança, preferimos sair do corpo para irmos habitar junto do Senhor. [...] Com efeito, é necessário que todos nós compareçamos perante o tribunal de Cristo, a fim de que cada um receba o que mereceu. **Palavra do Senhor.**

Todos: Graças a Deus.

SALMO 130(129),1-2.3-4AB.4C-6.7-8

Refrão: Confia minh'alma no Senhor, nele está minha esperança.

Leitor: Das profundezas eu clamo a vós, Senhor, escutai a minha voz. Vossos ouvidos estejam bem atentos ao clamor da minha prece. (*Refrão*)

Leitor: Se levardes em conta nossas faltas, quem haverá de subsistir? Mas em vós se encontra o perdão, eu vos temo e em vós espero. (*Refrão*)

Leitor: No Senhor ponho a minha esperança, espero em sua Palavra. A minh'alma espera no Senhor mais que o vigia pela aurora. (*Refrão*)

Leitor: No Senhor se encontre toda graça e copiosa redenção. Ele vem libertar a Israel de toda a sua culpa. (*Refrão*)

EVANGELHO

Leitor: Louvor e glória a vós, Senhor, Deus da eterna glória... (*bis*) Eu sou a ressurreição e a vida, diz o Senhor. Quem crê em mim não morrerá para sempre. Louvor e glória a vós, Senhor, Cristo, Palavra de Deus... (*bis*)

Ministro: O Senhor esteja convosco.

Todos: Ele está no meio de nós.

Ministro: † Proclamação do Evangelho de Jesus Cristo, segundo João 11,17-27.

Todos: Glória a vós, Senhor.

Ministro: Quando Jesus chegou a Betânia, encontrou Lázaro sepultado havia quatro dias. Betânia ficava há uns três quilômetros de Jerusalém. Muitos judeus tinham vindo à casa de Marta para as consolar por causa do irmão. Quando Marta soube que Jesus tinha chegado, foi ao encontro dele. Maria ficou sentada em casa. Enquanto Marta disse a Jesus: "Senhor, se tivesses estado aqui, meu irmão não teria morrido. Mas mesmo assim, eu sei que o que pedirdes a Deus, ele ti concederá". Respondeu-lhe Jesus: "Teu irmão ressuscitará". Disse Marta: "Eu sei que ele ressuscitará na ressurreição, no último dia". Então Jesus disse: "Eu SOU a ressurreição e a vida. Quem crê em mim, mesmo que morra, viverá. E todo aquele que vive e crê em mim, não morrerá jamais. Crês nisto?". Respondeu ela: "Sim, Senhor; eu creio firmemente que tu és o Messias, o Filho de Deus, que devia vir ao mundo". **Palavra da Salvação.**

Todos: **Glória a vós, Senhor.**

Homilia.

Todos: **Creio em Deus Pai todo poderoso, criador do céu e da terra. E em Jesus Cristo, seu único Filho, nosso Senhor, que foi concebido, pelo poder do Espírito Santo; nasceu da Virgem Maria; padeceu sob Pôncio Pilatos, foi crucificado, morto e sepultado; desceu à mansão dos mortos; ressuscitou ao terceiro dia; subiu aos céus, está sentado à direita de Deus Pai todo-poderoso, donde há de vir e a julgar os vivos e os mortos. Creio no Espírito Santo, na Santa Igreja Católica, na comunhão dos santos, na remissão dos pecados, na ressurreição da carne, na vida eterna. Amém.**

ORAÇÃO DOS FIÉIS

Ministro: Irmãos e irmãs, rezemos confiantes ao Senhor, que, por sua ressurreição, nos garante a vida em plenitude, e digamos a cada invocação:

Todos: Senhor Jesus Cristo, vós sois a ressurreição e a vida.

Ministro: Cristo, Filho do Deus vivo, que ressuscitastes vosso amigo Lázaro, ressuscitai para a vida eterna, na glória de todos os santos, nosso irmão *N*.

Ministro: Cristo, consolador dos aflitos, que, restituindo a vida à filha de Jairo, enxugastes as lágrimas de seus parentes, consolai hoje os que choram a morte de nosso irmão *N*.

Ministro: Cristo, vós que ressuscitastes da morte ao terceiro dia, concedei aos nossos falecidos a vida eterna junto com todos os anjos e santos nos céus.

Ministro: Cristo, que prometestes preparar para nós um lugar na casa do Pai, concedei a morada do céu aos fiéis que vos serviram na terra procurando uma vida segundo vossos ensinamentos.

Outras intenções...

Ministro: Inclinai, Senhor, vosso ouvido às preces que brotam de nosso coração, ao implorarmos vossa misericórdia para com vosso filho. Acolhei-o com ternura no convívio de todos os santos. Por Cristo, nosso Senhor.

Todos: Amém.

Ministro: Rezemos confiantes a oração que o Senhor nos ensinou: Pai nosso...

Encomendação e despedida

Ministro: Com fé e esperança na vida eterna, recomendamos este nosso irmão que morreu na paz de Cristo.

Momento de silêncio.

Ministro: Nas vossas mãos, Pai de misericórdia, entregamos o nosso irmão *N.*, na firme esperança de que ressurgirá com Cristo no último dia, como todos os que no Cristo adormeceram. (Nós vos damos graças por todos os dons que lhe concedestes na sua vida mortal, para que fossem sinais da vossa bondade e da comunhão de todos em Cristo). Escutai na vossa misericórdia as nossas preces: abri para ele as portas do paraíso e a nós que ficamos concedei que nos consolemos uns aos outros com as palavras da fé, até o dia em que nos encontraremos todos no Cristo e assim estaremos sempre convosco e com este nosso irmão. Por nosso Senhor Jesus Cristo, vosso Filho, na unidade do Espírito Santo.

Todos: Amém.

Asperge-se o corpo com água benta.

Ministro: Dai-lhe, Senhor, o descanso eterno.

Refrão: E brilhe para ele a vossa luz.

Ministro: Feliz o que morre no Senhor. Descansa agora dos seus trabalhos, pois suas obras o acompanham. (*Refrão*)

Ministro: Senhor, depois do trabalho, sois o descanso; depois da morte, sois a vida. (*Refrão*)

Ministro: Abri, Senhor, a porta do paraíso para que nosso irmão entre na pátria celeste, onde não há morte nem dor. (*Refrão*)

Ministro: Descanse em paz.

Todos: Amém.

Ministro: Nosso Senhor Jesus o chamou... Santos de Deus, vinde em seu auxílio; anjos do Senhor, recebei na glória eterna este seu servidor *N*. Cristo, o Bom Pastor, vos conduza por um bom caminho até as portas do Paraíso; o Senhor vos acolha para o convívio com todos os anjos e santos nos céus.

Todos: Amém.

Bênção final

Ministro: O Senhor esteja convosco.

Todos: Ele está no meio de nós.

Ministro: Abençoe-nos o Deus todo-poderoso, o Pai e o Filho † e o Espírito Santo.

Todos: Amém.

Canto.

Bênção da sepultura

No cemitério, junto ao sepulcro,
pode-se entoar um canto antes da urna ser colocada
na sepultura.

Ministro: A nossa proteção está no nome do Senhor.

Todos: **Que fez o céu e a terra.**

Ministro: Dai-lhe, Senhor, o repouso eterno.

Todos: **E brilhe para ele a vossa luz.**

Ministro: Irmãos e irmãs, para o apóstolo Paulo, o túmulo é como uma sementeira: coloca-se nele um corpo corruptível e ressuscita-se um corpo glorioso. Oremos pedindo que Deus abençoe esta sepultura.

Momento de silêncio.

Ministro: Senhor Jesus Cristo, permanecendo três dias no sepulcro, santificastes os túmulos dos que creem em vós, para lhes aumentar a esperança da ressurreição. Concedei, misericordioso, que o corpo deste vosso filho *N.* descanse em paz neste sepulcro, até que vós, que sois a ressurreição e a vida, o ressusciteis, para que possa contemplar, no esplendor de vossa glória, a luz eterna no céu. Vós que sois Deus, com o Pai, na unidade do Espírito Santo.

Todos: **Amém.**

Ministro: Cristo, que ressuscitou como primogênito dentre os mortos, transformará o corpo deste nosso irmão à imagem de seu corpo glorioso. O Senhor o receba na sua paz e lhe conceda a ressurreição.

Enquanto se coloca a urna na sepultura,
canta-se um salmo ou um cântico.

Ministro: Confiantes na bondade de Deus, que é Pai, e de Maria, que acompanhou seu Filho Jesus aos pés da cruz e recebeu em seus braços o corpo de Jesus e procedeu ao seu sepultamento no Jardim, e solidários com a família de *N.*, rezemos a oração do anjo Gabriel: **Ave, Maria...**

Aspergindo com água benta a sepultura,
quem preside diz:

Ministro: Na água e no Espírito fostes batizado. O Senhor complete em ti a obra que ele mesmo começou no teu Batismo. Teu corpo foi templo de Deus. O Senhor te dê a eterna alegria de viver em sua casa.

Todos: Amém.

Jogando terra, quem preside diz:

Ministro: Da terra fostes tirado e à terra voltais. Mas o Senhor te ressuscitará para uma vida com os anjos e santos.

Todos: Amém.

Colocando flores, quem preside diz:

Ministro: É preciosa aos olhos do Senhor a vida de seus fiéis.

Todos: Amém.

Colocando a cruz, quem preside diz:

Ministro: A cruz de nosso Senhor Jesus Cristo seja para nós sinal de vida e ressurreição e, para o falecido, a chave que abre as portas do céu.

Todos: Amém.

Ministro: Oremos (*pausa*)... Ó Pai de bondade, vossos dias não conhecem fim e vossa misericórdia não tem limites. Lembrando a brevidade de nossa vida e a incerteza da hora da morte, nós vos pedimos que nosso Espírito Santo nos conduza neste mundo, na santidade e na justiça. E, depois de vos servirmos na terra, possamos chegar ao vosso Reino no céu. Por Cristo, nosso Senhor.

Todos: Amém.

Ministro: Que *N.* e todas as pessoas falecidas, pela misericórdia de Deus, descansem em paz.

Todos: Amém.

Ministro: O Senhor esteja convosco.

Todos: Ele está no meio de nós.

Ministro: Abençoe-nos o Deus todo-poderoso, o Pai e o Filho † e o Espírito Santo.

Todos: Amém.

Pode-se entoar um cântico a Nossa Senhora
ou outro apropriado.

Com minha Mãe estarei,
na santa glória um dia,
junto à Virgem Maria,
no céu triunfarei.
**No céu, no céu,
com minha Mãe estarei.** (*2x*)

11. EXÉQUIAS DE CONSOLO E ESPERANÇA

*Aproximando-se a hora do enterro, ao redor do falecido,
o ministro convida os parentes e amigos
para o acompanharem na oração.*

Leitor: Irmãos e irmãs, cremos que Jesus morreu e ressuscitou, assim também cremos que Deus levará, por Jesus e com Jesus, os que morrerem (cf. 1Ts 4,14). Como cristãos, vamos abrir a Bíblia e encontrar o sentido da morte e da ressurreição, pois esta confirmou todas as palavras e gestos de Jesus Cristo. Vamos suplicar a Deus por este nosso irmão *N.* que hoje conclui sua caminhada na terra e deixa o convívio de seus familiares. A nossa fé na ressurreição e na vida eterna nos consola. Por isso, elevemos nossas preces ao Deus da Vida para que *N.* seja acolhido nos céus. Em nome do Pai e do Filho e do Espírito Santo. Amém.

Ministro: Em nome do Pai, e do Filho e do Espírito Santo. A graça de Nosso Senhor Jesus Cristo, o amor do Pai e a comunhão do Espírito Santo estejam convosco.

Todos: Bendito seja Deus que nos reuniu no amor de Cristo.

Ministro: Confia em Deus, e ele te salvará. Espera nele, e ele dirigirá teus passos no teu caminho. Vós que temeis o Senhor, esperai na sua misericórdia (Eclo 2,6-7a).

Ministro: Para que nossas orações toquem o coração de Deus, nosso Pai, peçamos humildemente o perdão dos nossos pecados:

1. Pela nossa falta de fé na ressurreição:

   Senhor, tende piedade de nós (*2x*).

2. Pelas preocupações exageradas com as coisas deste mundo que nos fazem esquecer de Deus:

   Cristo, tende piedade de nós (*2x*).

3. Pelo pouco que nos dedicamos a servir os nossos irmãos:

   Senhor, tende piedade de nós (*2x*).

Ministro: Oremos. Preparai, Senhor, os nossos corações para ouvir a vossa Palavra e fazei que ela seja luz nas trevas dos nossos afetos desordenados, certeza da fé nos momentos de dúvidas e fonte inexaurível de consolação e de esperança. Por Cristo, nosso Senhor. Amém.

Liturgia da Palavra

O ministro poderá escolher a Palavra mais adequada para a ocasião.

Leitor: Leitura da epístola do apóstolo São Paulo aos filipenses (Fl 3,20-21).[1] Irmãos: a nossa Pátria está nos

---

[1] No Antigo Testamento podem ser buscados outros textos: Dn 12,1-3; 2Mc 12,42b-45; Jó 19,23-27; Sb 4,7-16; Is 25,6-9. No

céus, donde esperamos, como Salvador, o Senhor Jesus Cristo, que transformará o nosso corpo de morte, para o tornar semelhante ao seu corpo glorioso, pelo poder que ele tem de sujeitar a si todo o universo. **Palavra do Senhor.**

Todos: **Graças a Deus.**

SALMO 26(27),1.4.7. 8B.9A.13-14[2]

Refrão cantado ou recitado por todos:
O Senhor é a minha luz e a minha salvação,
de quem terei medo?

Leitor: O Senhor é minha luz e salvação: a quem temerei? O Senhor é protetor da minha vida: de quem hei de ter medo? (*Refrão*)

Leitor: Uma só coisa peço ao Senhor, por ela anseio: habitar na casa do Senhor todos os dias da minha vida, para gozar da suavidade do Senhor e visitar o seu santuário. (*Refrão*)

Novo Testamento buscar também: Ap 14,12-13; 20,11-12; 21,1-7; At 2,22-36; 10,34-43; Rm 5,5-11; 6,3-9; 8,18-30; 8,31-39; 13,11-14; 14,7-12; 1Cor 13,1-13; 15,12-22; 2Cor 1,3-7; 4,16-18; 5,1-8; Gl 3,26-28; Ef 1,3-14; 2,4-10; Ef 4,1-65; Cl 1,12-20; Tt 3,4-7; 1Ts 4,13-18; 1Pd 1,3-9; 1Pd 2,4-5.9-10.3,18-22; 1Jo 3,14-16; Ap 21,1-7 etc.

[2] Também podem ser proclamados outros Salmos: 8,4-5.6-7.8-9; 16; 17; 23; 27; 33(32),4-5.12-13.18-19; 39; 42; 45; 57; 63(62),2.3-4.5-6.7-8; 86; 90; 128; 130; 139; 142 etc. Ter o cuidado de escolher um refrão que se possa cantar como: Bendito seja Deus, que nos consola em todas as tribulações.

Leitor: Ouvi, Senhor, a voz da minha súplica, tende compaixão de mim e atendei-me. A vossa face, Senhor, eu procuro: não escondais de mim o vosso rosto. (*Refrão*)

Leitor: Espero vir a contemplar a bondade do Senhor na terra dos vivos. Confia no Senhor, sê forte. Tem coragem e confia no Senhor. (*Refrão*)

EVANGELHO

Leitor: Vinde, benditos de meu Pai: recebei como herança o Reino de Deus, preparado para vós desde a criação do mundo.

Ministro: O Senhor esteja convosco.

Todos: Ele está no meio de nós.

Ministro: † Proclamação do Evangelho de Nosso Senhor Jesus Cristo, segundo Mateus 5,1-12a.[3]

Todos: Glória a vós, Senhor.

Ministro: Naquele tempo, ao ver as multidões, Jesus subiu ao monte e sentou-se. Rodearam-no os discípulos e ele começou a ensiná-los, dizendo: "Bem-aventurados os pobres em espírito, porque deles é o Reino dos Céus. Bem-aventurados os humildes, porque possuirão a terra. Bem-aventurados os que choram,

---

[3] No Evangelho, pode-se também proclamar: Jo 6,37-40; 6,51-59; 10,11-18; 11,17-27; 12,20-36; 14,1-6; 15,1-8; 17,1-8; 17,24-26; 20,1-10; 20,24-29; Mt 5,3-12; 6,19-21; 10,26-33; 11,25-30; 12,38-42; 12,46-50; 25,1-13; 25,31-46; 28,1-15; Mc 5,35-43; 16,1-6; Lc 7,11-17; 12,35-40; 21,34-36; 24,1-12; 24,13-35 etc.

porque serão consolados. Bem-aventurados os que têm fome e sede de justiça, porque serão saciados. Bem-aventurados os misericordiosos, porque alcançarão misericórdia. Bem-aventurados os puros de coração, porque verão a Deus. Bem-aventurados os que promovem a paz, porque serão chamados filhos de Deus. Bem-aventurados os que sofrem perseguição por amor da justiça, porque deles é o Reino dos Céus. Bem-aventurados sereis, quando, por minha causa, vos insultarem, vos perseguirem e, mentindo, disserem todo o mal contra vós. Alegrai-vos e exultai, porque é grande nos céus a vossa recompensa". **Palavra da Salvação.**

Todos: **Glória a vós, Senhor.**

Homilia.

ORAÇÃO DOS FIÉIS

Ministro: Irmãos e irmãs, unidos na mesma fé, oremos ao Senhor pelo nosso irmão falecido, pela Igreja, pela paz no mundo e pela nossa salvação, dizendo com toda a confiança:

Todos: **Nós vos rogamos, ouvi-nos, Senhor.**

Leitor: Pelos pastores da santa Igreja, para que sejam fiéis à graça que receberam e realizem o seu ministério em favor do povo de Deus, oremos ao Senhor:

Leitor: Pelos que sofrem no corpo ou na alma, para que sintam sempre juntos de si a presença invisível do Senhor, oremos ao Senhor:

Leitor: Pelo nosso irmão falecido, para que o Senhor o livre do poder das trevas e da morte eterna, oremos ao Senhor:

Leitor: Pelo nosso irmão falecido, para que o Senhor lhe mostre a sua misericórdia e o receba no Reino da luz e da paz, oremos ao Senhor:

Leitor: Pelos nossos familiares e benfeitores falecidos, para que o Senhor os conduza à assembleia gloriosa dos santos, oremos ao Senhor:

Leitor: Por todos nós que participamos desta celebração, para que a providência paterna de Deus nos assista e nos proteja pelos caminhos da vida, oremos ao Senhor:

Ministro: Oremos... Senhor e redentor nosso, que morrestes e ressuscitastes para salvar a todos, fazendo-os passar da morte à vida, olhai com bondade os que choram e rezam neste momento. Não permitais que *N.* viva separado da vossa graça, mas acolhei-o no vosso Reino. Isso vos pedimos, porque sois Deus com o Pai, na unidade do Espírito Santo. Amém.

Todos: Pai nosso...

Ministro: Oremos... Recebei, ó Pai Santo, o nosso irmão *N.* que tanto amastes nesta vida. Liberto de todos os males e dos limites desta terra, alcance ele hoje o prêmio do bem que realizou na terra, agora nos céus. Passada esta vida mortal, levai-o ao Paraíso, onde não mais existe luto, gemidos e dor, mas a paz e a alegria para todo o sempre, com vosso Filho Jesus Cristo, na unidade do Espírito Santo. Amém.

Encomendação e despedida

Ministro: Ao cumprirmos, segundo o rito cristão, o piedoso dever de sepultar o corpo deste nosso irmão, oremos confiadamente a Deus, nosso Pai, para quem todos os seres humanos que crerem e fizerem o bem, vivem.

Entregamos à terra o corpo deste nosso irmão faleci-do, na esperança da sua ressurreição entre os eleitos de Deus nos céus. Pedimos que *N*. seja recebido na comunhão gloriosa dos santos. O Senhor lhe abra os braços da sua misericórdia infinita, para que este nos-so irmão, livre dos vínculos da morte, absolvido de toda culpa, reconciliado com o Pai, seja conduzido nos ombros do Bom Pastor, mereça entrar na alegria que não tem fim, na companhia dos anjos e santos, para a presença do Rei eterno.

Todos rezam em silêncio durante alguns momentos.

Ministro: Pelo Batismo, este nosso irmão tornou-se ver-dadeiramente filho de Deus, membro de Cristo ressuscitado e templo do Espírito Santo. A água que agora vamos aspergir sobre o seu corpo recorda-nos essa admirável graça batismal, que o preparou para ser concidadão dos santos nos céus. O Senhor aumente em nós a esperança de que este nosso irmão, chamado a ser pedra viva do templo eterno de Deus, ressuscitará gloriosamente com Jesus Cristo. Amém.

Faz-se a aspersão do corpo com água benta.

Ministro: Vinde em seu auxílio, santos de Deus. Vinde ao seu encontro, anjos do Senhor.

Todos: Recebei-o e levai-o à presença do Senhor.

Ministro: Receba, Cristo, este nosso irmão que foi chamado para a outra vida e o conduzam os anjos ao Paraíso.

Todos: Recebei-o e levai-o à presença do Senhor.

Ministro: Dai-lhe, Senhor, o descanso eterno.

Todos: E os esplendores da luz perpétua o iluminem na presença do Senhor.

Bênção final

Ministro: O Senhor nos abençoe e nos guarde.

Todos: Amém.

Ministro: O Senhor faça brilhar sobre nós a sua face e nos seja favorável.

Todos: Amém.

Ministro: O Senhor dirija para nós o seu rosto e nos dê a paz.

Todos: Amém.

Ministro: Que o Senhor confirme a obra de nossas mãos, agora e para sempre.

Todos: Amém.

Ministro: Louvado seja nosso Senhor Jesus Cristo.

Todos: Para sempre seja louvado. Amém.

Bênção da sepultura

No cemitério, junto ao sepulcro, pode-se entoar um canto antes de a urna ser colocada na sepultura.

Ministro: Deus onipotente quis chamar desta vida, para si, o nosso irmão falecido, cujo corpo entregamos à terra, para que volte ao lugar de onde foi tirado. Supliquemos a Cristo, nosso Senhor, que ressuscitou como primogênito dos mortos e há de transformar o nosso corpo mortal para o tornar semelhante ao seu corpo glorioso. Que o Cristo Senhor receba na sua paz este nosso irmão e o ressuscite para a glória eterna nos céus.

Senhor, dia sem ocaso e fonte de misericórdia infinita, fazei-nos recordar sempre como é breve a nossa vida e incerta a hora da morte. O vosso Espírito Santo dirija os nossos passos, para que vivamos em santidade e justiça, para que, depois de vos servirmos em comunhão com a vossa Igreja, iluminados pela fé, confortados pela esperança e unidos pela caridade, entremos todos na alegria do vosso Reino. Por Cristo, nosso Senhor.

Todos: Amém.

Ministro: Dai-lhe, Senhor, o descanso eterno.

Todos: Nos esplendores da luz perpétua o conservai.

Ministro: Descanse em paz.

Todos: Amém.

Ministro: Bendigamos ao Senhor.

Todos: Graças a Deus.

12. EXÉQUIAS DE CRIANÇA BATIZADA

Aproximando-se a hora do enterro, ao redor do falecido,
o ministro convida os parentes e amigos
para o acompanharem na oração.

Ministro: Irmãos, aqui nos reunimos, para rezar pelo nosso irmão *N.*, que sabemos já goza a felicidade no céu, junto com a Santíssima Trindade, Nossa Senhora e todos os santos. E para pedir a Deus que console seus pais e parentes pela dor da partida. Somos solidários com a família que sofre a falta deste filho que apenas chegou neste mundo e já partiu.

Ministro: Em nome do Pai, do Filho e do Espírito Santo. Amém.

Senhor Jesus Cristo, esta criança trouxe muita alegria aos pais, que esperavam ajudá-la a caminhar para Deus Pai e precedê-la nos céus. Fruto do amor, sua curta existência foi um testemunho de vida para nós. Consolai, no vosso amor, a nós que vamos depositar na terra esta semente para que possa brotar para a eternidade. Acolhei, Senhor, como Bom Pastor *N.* Tomai-o nos braços para o sustentar e que vosso amor o guarde e o conduza numa eternidade feliz. Isso vos pedimos, ó Jesus, Nosso Senhor, na unidade do Espírito Santo. Amém.

Liturgia da Palavra

Ministro: Ouçamos a palavra que nos consola: Leitura do Livro das Lamentações (3,17-26): Bom é esperar em silêncio o socorro do Senhor; ou Leitura da Primeira Carta de São Paulo aos Tessalonicenses (4,13-18): Estaremos sempre na presença do Senhor.

SALMO 25 (TRADUÇÃO LIVRE)

Ministro: Revelai-me vossos caminhos, Senhor, para que me acostume com vosso modo de agir. Tornai firme os meus passos na vossa verdade, pois vós sois o Deus que me salva, por vós espero o dia inteiro.

Refrão: A vós, Senhor, elevo a minha alma.

Ministro: Lembrai-vos, Senhor, da vossa ternura e do vosso amor fiel. Sempre vos conhecemos, pois sois bondade em pessoa. Pensai em mim com amor.

Todos: A vós, Senhor, elevo a minha alma.

Ministro: Voltai-vos para mim e tende piedade, sou pobre e estou só, a angústia oprime o meu coração. Aliviai-me deste peso, vede minha aflição e perdoai todas as minhas fraquezas.

Todos: A vós, Senhor, elevo a minha alma.

Ministro: Enquanto espero em vós, Senhor, a integridade e a retidão dos meus pensamentos são minha defesa. Vinde, Senhor, libertar vossos filhos de todas as suas dores e angústias.

Todos: A vós, Senhor, elevo a minha alma.

EVANGELHO

Ministro: Jesus disse: Se não vos tornardes como as criancinhas, não entrareis no Reino dos Céus.

Todos: A vós, Senhor, elevo a minha alma.

Ministro: O Senhor esteja convosco.

Todos: Ele está no meio de nós.

Ministro: † Proclamação do Evangelho de Nosso Senhor Jesus Cristo, segundo Mateus 11,25-30.

Todos: Glória a vós, Senhor.

Ministro: "Naquela ocasião, Jesus pronunciou estas palavras: 'Eu te louvo, Pai, Senhor do céu e da terra, porque escondeste estas coisas aos sábios e entendidos e as revelaste aos pequeninos. Sim, Pai, assim foi do teu agrado. Tudo me foi entregue por meu Pai, e ninguém conhece o Filho, senão o Pai, e ninguém conhece o Pai, senão o Filho e aquele a quem o Filho o quiser revelar. Vinde a mim, todos vós que estais cansados e carregados de fardos, e eu vos darei descanso. Tomai sobre vós o meu jugo e sede discípulos meus, porque sou manso e humilde de coração, e encontrareis descanso para vós. Pois o meu jugo é suave e o meu fardo é leve'". **Palavra da Salvação.**

Todos: Glória a vós, Senhor.

Homilia.

Ministro: Apoiados em Gn 2,17; Sb 1,13 e Rm 5,12, podemos dizer com certeza que Deus não quis a morte para seus filhos, mas a morte entrou no mundo pelo pecado. Contudo, Deus amou tanto os seus filhos, que enviou o seu Filho amado para que todos fôssemos salvos por ele através do seu sangue derramado na cruz.

ORAÇÃO DOS FIÉIS

Ministro: Irmãos e irmãs, elevemos a nossa oração a Deus, que ressuscitou a Jesus Cristo, seu Filho, e imploremos por esta criança, pelos seus pais e por sua família. Que Deus traga paz a todos aqueles que sofrem pela sua morte prematura e imploremos a salvação de todos nós, dizendo:

Todos: **Escutai, Senhor, a nossa prece.**

1. Rezemos por esta criança *N.*, a quem estamos velando, para que seja acolhida pelo Pai Celeste, entre na glória eterna e viva na companhia dos anjos e santos, rezemos.

2. Pelas crianças que não têm o pão de cada dia, para que sejam acolhidas por pessoas misericordiosas, rezemos.

3. Rezemos pelos familiares desta criança, especialmente por seus pais, para que o Senhor os console e reconforte com a certeza de que ela vive feliz no Paraíso, rezemos.

4. Rezemos pelas crianças doentes, para que sejam tratadas e cuidadas com ternura e amor, rezemos.

5. Pelas crianças, para que conservem a inocência, e pelas famílias, para que nelas reine a paz e a santidade, rezemos.

6. Por todos nós que participamos desta celebração, para que a providência paterna de Deus nos assista e proteja pelos caminhos da vida e para que tenhamos a simplicidade e pureza das crianças, rezemos.

Ministro: Senhor, que conheceis a nossa tristeza, concedei que, animados pela fé na vossa providência paterna, nos consolemos com a esperança de que esta criança vive já na glória eterna do céu. Por Cristo, Senhor nosso.

Todos: Amém.

Encomendação e despedida

Ministro: Ó Deus de clemência, nos desígnios de vossa sabedoria permitistes que esta criança morresse no limiar de sua vida na terra; ouvi misericordioso nossas súplicas. Dai-nos também um dia participar com ela da vida eterna nos céus. Isso vos pedimos, por Jesus Cristo, vosso Filho e nosso irmão, que convosco vive e reina na unidade do Espírito Santo. Amém.

O ministro asperge o corpo com água benta.

Ministro: Cremos que *N.*, feito vosso filho pela graça do Batismo, já habita vossa casa após uma vida tão breve na terra. Dai-nos também um dia participar com ele da vida eterna nos céus. Dai-lhe, Senhor, o descanso eterno.

Todos: E a luz perpétua resplandeça.

Ministro: Descanse em paz.

Todos: Amém.

Ministro: O Senhor esteja convosco.

Todos: Ele está no meio de nós.

Ministro: Abençoe-vos e vos guarde o Deus de misericórdia, o Pai, o Filho e o Espírito Santo. Amém.

13. CELEBRAÇÃO DE EXÉQUIAS SIMPLIFICADA

Aproximando-se a hora do enterro, ao redor do falecido, o ministro convida os parentes e amigos para o acompanharem na oração.

Ministro: A graça de Nosso Senhor Jesus Cristo, o amor do Pai e a comunhão do Espírito Santo estejam convosco.

Todos: Bendito seja Deus que nos reuniu no amor de Cristo.

Ministro: Confia em Deus, e ele te salvará. Espera nele, e ele dirigirá teus passos no seu caminho. Vós que temeis o Senhor, esperai na sua misericórdia (Eclo 2,6-7a).

Senhor, tende piedade de nós (a assembleia repete).

Cristo, tende piedade de nós (a assembleia repete).

Senhor, tende piedade de nós (a assembleia repete).

Ministro: Deus todo-poderoso tenha compaixão de nós, perdoe os nossos pecados e nos conduza à vida eterna.

Todos: Amém.

Liturgia da Palavra

SALMO DE CONFIANÇA (23/22)

Refrão: O Senhor é o meu pastor, ele me conduz por caminhos seguros.

Leitor: O Senhor é o meu pastor, nada me falta. Em verdes pastagens me faz repousar; para fontes tranquilas me conduz, e restaura minhas forças. Ele me guia por bons caminhos, por causa do seu nome. (*Refrão*)

Leitor: Embora eu caminhe por um vale tenebroso, nenhum mal temerei, pois junto a mim estás; teu bastão e teu cajado me deixam tranquilo. (*Refrão*)

Leitor: Diante de mim preparas a mesa, à frente dos meus opressores; unges minha cabeça com óleo, e minha taça transborda. (*Refrão*)

EVANGELHO

Ministro: O Senhor esteja convosco.

Todos: Ele está no meio de nós.

Ministro: † Proclamação do Evangelho de Nosso Senhor Jesus Cristo, segundo João 14,1-6.

Todos: Glória a vós, Senhor.

Ministro: Naquele tempo, disse Jesus a seus discípulos: "Não fique perturbado o coração de vocês. Acreditem em Deus e acreditem também em mim. Existem muitas moradas na casa de meu Pai. Se não fosse assim, eu lhes teria dito, porque vou preparar um lugar para vocês. E quando eu for e lhes tiver preparado um lugar, voltarei e levarei vocês comigo, para que, onde eu estiver, estejam vocês também. E para onde eu vou, vocês já conhecem o caminho". Tomé disse a Jesus: "Senhor, nós não sabemos para onde vais; como podemos conhecer o caminho?" Jesus respondeu: "Eu sou o caminho, a verdade e a vida. Ninguém vai ao Pai senão por mim". **Palavra da Salvação.**

Homilia.

ORAÇÃO DOS FIÉIS

Ministro: Rezemos por *N.* e por todos aqueles que nesta vida buscaram a Deus na sinceridade de coração.

Leitor: Por nosso irmão *N.*, para que seja recompensado por todo o bem que fez no meio de nós, roguemos ao Senhor.

Todos: **Senhor, salvai a todos os que vos buscam.**

Leitor: Para que nosso irmão *N.* seja perdoado por Deus de todos os seus pecados, porque nós oferecemos o perdão de tudo o que ele fez, roguemos ao Senhor.

Leitor: Por todos os seus familiares, para que sejam consolados e confortados e sigam firmes no caminho de Deus, roguemos ao Senhor.

Leitor: Por aqueles que morrem sem a presença de uma pessoa amiga, a fim de que descubram o verdadeiro amor junto a Deus, roguemos ao Senhor.

Leitor: Por todos os que morrem vítimas das guerras, ou por causa das injustiças, fome e falta de assistência, a fim de que encontrem em Deus a paz, roguemos ao Senhor.

Leitor: Por todos os que morrem em acidentes, afogados ou queimados, roguemos ao Senhor.

Leitor: Por todos nós aqui presentes, para que, no amor e na justiça, caminhemos juntos para o encontro definitivo com Deus, roguemos ao Senhor.

Ministro: Oremos... Senhor e redentor nosso, que morrestes e ressuscitastes para salvar a todos, fazendo-os passar da morte à vida, olhai com bondade os que choram e rezam neste momento. Não permitais que *N.* viva separado da vossa graça, mas acolhei-o no vosso Reino. Isso vos pedimos porque sois Deus com o Pai, na unidade do Espírito Santo. Amém.

Todos: Pai nosso...

Encomendação e despedida

Ministro: Com fé e confiança, recomendemos este nosso irmão ao Pai de misericórdia, acompanhando-o com nossas preces. Ele que recebeu, no Batismo, a adoção dos filhos de Deus, seja agora convidado a participar, nos céus, do convívio dos santos, e torne-se herdeiro das promessas eternas. Rezemos também por nós que hoje choramos, para que um dia, como nosso irmão, possamos ir ao encontro de Cristo, quando ele, nossa vida, aparecer na glória.

Canto.

Ministro: Nas vossas mãos, Pai de misericórdia, entregamos o nosso irmão, na firme esperança de que ele ressurgirá com Cristo no último dia, como todos os que no Cristo adormeceram. Escutai na vossa misericórdia as nossas preces: abri para ele as portas do Paraíso, e a nós, que ficamos, concedei que nos consolemos uns aos outros com as palavras da fé, esperança e caridade, até o dia em que nos encontraremos todos no Cristo e, assim, estaremos sempre convosco. Por Cristo, nosso Senhor. Amém.

Ministro: Dai-lhe, Senhor, o descanso eterno.

Todos: E a luz perpétua o ilumine (*3x*).

O ministro asperge o corpo por três vezes invocando a Santíssima Trindade.

Ministro: Senhor Jesus, que dissestes: "Tende confiança, eu venci o mundo", dai-nos compreender que é neste mundo que preparamos a vida eterna. A nós que somos incrédulos, dai-nos mais fé na vida que brota após a morte, para que possamos compreender que a vida não termina com a morte, pois cremos na ressurreição. Que todos exclamemos, como Jó (19,1.23-27): "Gostaria que minhas palavras fossem escritas e gravadas numa inscrição com ponteiro de ferro e com chumbo, cravadas na rocha para sempre! Eu sei que meu redentor vive e que, por último, se levantará sobre o pó; e depois que tiverem destruído esta minha pele, no meu corpo verei a Deus. Eu mesmo o verei, meus olhos o contemplarão, e não os olhos de outros". No último dia, meus irmãos e irmãs, ressurgiremos da terra e veremos a Deus face a face. Que seja esta a esperança depositada em nossos corações.

Ministro: Deus nos conceda o perdão dos pecados, e a todos os que morreram a paz e a luz eterna.

Todos: Amém.

Ministro: E a todos nós, crendo que Cristo ressuscitou dentre os mortos, vivamos eternamente com ele.

Todos: Amém.

Ministro: Abençoe-nos o Deus todo-poderoso, o Pai, o Filho e o Espírito Santo.

Todos: Amém.

Ministro: A certeza da ressurreição seja nossa força e nossa alegria. Vamos em paz e o Senhor nos acompanhe.

Todos: Graças a Deus.

Sugere-se cantar um canto final.
Pode-se também rezar uma Ave-Maria ou o rosário,
conforme o tempo disponível.

Bênção da sepultura

No cemitério, junto ao sepulcro,
pode-se entoar um canto antes de a urna ser colocada
na sepultura.

Ministro: Senhor Jesus Cristo, permanecendo três dias no sepulcro, sacrificastes os túmulos dos vossos fiéis, para que, recebendo nossos corpos, fizessem crescer a esperança de nossa ressurreição. Que *N.* (nome do falecido) descanse em paz neste sepulcro até que vós, ressurreição e vida, o ressusciteis para contemplar a luz eterna na visão de vossa face. Por Cristo, nosso Senhor.

Todos: Amém.

O ministro asperge o túmulo com água benta, e pode-se entoar um canto para a última despedida.

14. EXÉQUIAS DE CRIANÇA PEQUENA NÃO BATIZADA

Algumas vezes as pessoas vêm pedir o Batismo para o natimorto ou para a pessoa que morreu sem batismo; usam a palavra batizar, mas desejam mesmo é a oração da Igreja pelo falecido. As exéquias dessas crianças possuem agravantes que devem ser levados em consideração: aborto (natimorto), crianças não nomeadas ou batizadas, o estado debilitado da mãe...

Leitor: Irmãos e irmãs, rezemos por esta criança que partiu para a Casa do Pai. Peçamos que Deus, em sua bondade e misericórdia, acolha-a junto de si. A fé dá sentido a nossa dor e sofrimento, nos consola e dá esperança porque a morte foi vencida por Cristo.

Ministro: Em nome do Pai, do Filho e do Espírito Santo.

No final dos tempos, vamos compreender melhor os mistérios da criação, da vida e da morte. Que esta criança seja acolhida no céu pelos anjos e santos e levada ao coração de Deus Pai.

Todos: Pai nosso...

Ministro: Maria sofreu, com grande dor, a morte de Jesus. O seu coração de Mãe sentiu a dor da separação. Peçamos que ela auxilie a mãe *N.* a superar a dor e o sofrimento, e a encontrar consolo e força na fé.

Todos: Ave, Maria...

Liturgia da Palavra

Ministro: Ouçamos agora a Palavra que nos consola:

Leitor: Leitura da Carta de São Paulo aos Romanos (Rm 14,7-9): "Ninguém dentre nós vive para si mesmo ou morre para si mesmo. Se estamos vivos, é para o Senhor que vivemos, e se morremos, é para o Senhor que morremos. Portanto, vivos ou mortos, pertencemos ao Senhor. Cristo morreu e ressuscitou para ser o Senhor dos vivos e dos mortos". **Palavra do Senhor.**

Todos: Graças a Deus.

SALMO 39(40),2-14.17-18

Refrão: Ó Senhor, meu Redentor, ressuscitai-me.

Leitor: Esperei no Senhor atento às suas palavras, e, inclinando-se, ele ouviu meu clamor. Retirou-me da cova da morte e de um charco de lodo e de lama. Colocou os meus pés sobre a rocha, devolveu a firmeza a meus passos. (*Refrão*)

Leitor: Um canto novo ele pôs em meus lábios, um poema em louvor ao Senhor. Que muitos vejam, respeitem, adorem e esperem, confiantes, em Deus. É feliz quem a Deus se confia; quem não segue os que adoram os ídolos e se perdem por falsos caminhos. (*Refrão*)

Leitor: Quão imensos, Senhor, vossos feitos. Maravilhas fizestes por nós. Quem a vós poderá comparar-se nos desígnios a nosso respeito? Eu quisera, Senhor, publicá-los, mas são tantos! Quem pode contá-los? (*Refrão*)

Leitor: Sacrifício e oblação não quisestes, mas abristes, Senhor, meus ouvidos; não pedistes ofertas nem vítimas, holocaustos por nossos pecados. E então eu vos disse: "Eis que venho fazer a vossa vontade!". (*Refrão*)

Leitor: Sobre mim está escrito no livro: "Com prazer faço a vossa vontade, guardo em meu coração vossa Lei!". (*Refrão*)

EVANGELHO

Ministro: O Senhor esteja convosco.

Todos: Ele está no meio de nós.

Ministro: † Proclamação do Evangelho de Nosso Senhor Jesus Cristo, segundo João 10,13-16.

Todos: Glória a vós, Senhor.

Ministro: Algumas pessoas traziam crianças para que Jesus as tocasse. Os discípulos, porém, as repreenderam. Vendo isso, Jesus se aborreceu e disse: "Deixai as crianças virem a mim. Não as impeçais, porque delas é o Reino de Deus. Em verdade vos digo: quem não receber o Reino de Deus como a uma criança não entrará nele!". E abraçava as crianças e, impondo as mãos sobre elas, as abençoava. **Palavra da Salvação.**

Todos: Glória a vós, Senhor.

Homilia.

Ministro: Professemos nossa fé. A vida supera a morte porque Jesus morreu e ressuscitou. Assim também esta criança vive agora para sempre na glória do Pai.

Todos: Creio em Deus Pai todo-poderoso...

ORAÇÃO DOS FIÉIS

Ministro: Irmãos e irmãs, elevemos a nossa oração a Deus e imploremos a paz e a salvação por esta criança, por sua família e por todos nós, dizendo (*ou cantando*):

Todos: Senhor, abençoai todas as crianças.

Leitor: Para que esta criança seja acolhida pelo Pai Celeste, entre na glória eterna e viva na companhia dos anjos e santos, rezemos.

Leitor: Pelas crianças que não têm o pão de cada dia, para que sejam acolhidas por pessoas misericordiosas, rezemos.

Leitor: Pelos familiares desta criança, especialmente os pais, para que o Senhor os console e reconforte, rezemos.

Leitor: Pelas crianças doentes, para que sejam tratadas e cuidadas com ternura e amor, rezemos.

Leitor: Por todos nós que participamos desta celebração, para que tenhamos a simplicidade e a pureza das crianças, rezemos.

É conveniente possibilitar preces espontâneas quando alguma pessoa da família quiser falar.

Encomendação e despedida

Ministro: Senhor Jesus Cristo, quando estivestes no meio de nós abraçastes e abençoastes as crianças, nós vos pedimos hoje: recebei junto de vós esta criança que partiu do seio de sua família. Concedei à família enlutada a consolação e a esperança dos que em vós confiam. Vós que viveis e reinais com o Pai, na unidade do Espírito Santo.

Todos: Amém.

Leitor: Se não vos tornardes como as criancinhas, não entrareis no Reino dos Céus. Deus não quer a morte para seus filhos, mas a morte entrou no mundo pelo pecado. Contudo, Deus nos amou tanto que nos enviou o seu Filho amado para que todos fôssemos salvos por seu sangue derramado na cruz. Rezemos a Deus por esta criança.

*No caso de natimorto,
criança não nomeada nem batizada...*

Ministro: Ó Deus, nosso Pai, vós sois o Criador de tudo. Concedei aos pais que de vós receberam esta criança, e agora a entregam em vossas mãos, recebê-la sem nome ainda, mas feita vossa filha pela graça da criação no vosso amor de Pai e pelo "batismo de desejo". Que, na hora de nossa passagem, tenhamos alguma semelhança com este anjo que nos veio visitar. Acolhei-o e mostrai-lhe vosso coração de Pai e fazei dele um filho para toda a eternidade, por Jesus Cristo, na unidade do Espírito Santo. Amém.

Asperge-se o corpo com água benta.

Ministro: Santos de Deus, vinde em seu auxílio; anjos do Senhor, recebei na glória eterna vosso filho *N.* Cristo, o Bom Pastor, vos conduza por um bom caminho até as portas do Paraíso; o Senhor vos acolha para o convívio com todos os anjos e santos nos céus.

Todos: Amém.

Ministro: O Senhor esteja convosco.

Todos: Ele está no meio de nós.

Ministro: Abençoe-nos o Deus todo-poderoso, o Pai e o Filho † e o Espírito Santo.

Todos: Amém.

Bênção da sepultura

A caminho da sepultura.

Ministro: É na certeza da ressurreição que depositamos no túmulo o corpo desta criança. Rezemos por ela, pela família enlutada, especialmente por seus pais e irmãos.

Refrão: Vinde logo, Senhor, socorrer-me.

Ministro: Boas-Novas de vossa justiça anunciei numa grande assembleia; vós sabeis: não fechei os meus lábios. (*Refrão*)

– Proclamei toda a vossa justiça, sem retê-la no meu coração; vosso auxílio e lealdade narrei. (*Refrão*)

Ministro: Não calei vossa graça e verdade na presença da grande assembleia.

– Não negueis para mim vosso amor! Vossa graça e verdade me guardem. (*Refrão*)

Ministro: Pois desgraças sem conta me cercam, minhas culpas me agarram, me prendem, e assim já nem posso enxergar. (*Refrão*)

– Meus pecados são mais numerosos que os cabelos da minha cabeça: desfaleço e me foge o alento. (*Refrão*)

Ministro: Dignai-vos, Senhor, libertar-me; vinde logo, Senhor, socorrer-me.

– Mas se alegre e em vós rejubile todo ser que vos busca, Senhor. (*Refrão*)

Ministro: Digam sempre: "É grande o Senhor!" os que buscam em vós seu auxílio. (*Refrão*)

– Eu sou pobre, infeliz, desvalido, porém, guarda o Senhor minha vida, e por mim se desdobra em carinho. (*Refrão*)

– Vós me sois salvação e auxílio: vinde logo, Senhor, não tardeis. (*Refrão*)

– Glória ao Pai e ao Filho e ao Espírito Santo. Como era no princípio, agora e sempre. Amém.

Junto à sepultura.

Ministro: Senhor Jesus Cristo, que ficastes três dias na sepultura e deste modo santificastes os túmulos de vossos fiéis, nós vos pedimos que o corpo que depositamos neste túmulo ressuscite, vós que sois a ressurreição e a vida, com o Pai e o Espírito Santo.

O ministro asperge o túmulo com água benta
e reza em seguida.

Ministro: Ó Deus, vosso amor não tem limites e tudo o que é gerado no amor vem de vós. Nós vos confiamos este bebê que nos abandona sem ter tempo de conhecer-vos melhor. Senhor Jesus, na tenra idade, este bebê partiu para a eternidade, recebei-o no vosso amor. Consolai, ó Pai, no vosso amor, sua mãe que vos entrega esta pequenina luz em vossas mãos. Que ela possa brilhar como uma estrela no céu da eternidade. Amém.

Ministro: Na fé em Jesus Cristo, entregamos o corpo desta criança para ser sepultado. Senhor, acolhei-a no Paraíso, entre os anjos e os santos. Amém.

Ministro: Ó Deus, vós governais o tempo e a vida das pessoas. Nós vos recomendamos esta criança, de quem choramos a morte prematura. Dai-lhe a felicidade eterna na alegria de vossa casa. Por Cristo, nosso Senhor. Amém.

Ministro: Voltemos para nossas casas na paz de Deus, que é Pai, Filho e Espírito Santo. Amém.

Enquanto o sepultamento é realizado, pode-se rezar o Pai-Nosso e a Ave-Maria.

15. EXÉQUIAS DE PESSOAS EM SITUAÇÕES DE VIOLÊNCIA

As exéquias de pessoas acidentadas ou vitimadas causam perplexidade. A vida urbana aproximou de nós muitas mortes violentas. A violência deixa as pessoas perturbadas e estas, em geral, manifestam sentimentos de revolta e, por vezes, vontade de vingança... Nessas horas, a Igreja reza com mais intensidade. A Palavra de Deus será de perdão, misericórdia e justiça.

Jesus começa a vida pública transformando a água em vinho e termina seus gestos de salvação transformando o vinho em sangue. Traz a salvação que derrama a vida em abundância e consolo sobre a humanidade. Esta é a nova Aliança, fonte de salvação e redenção para todos. Jesus é vítima das injustiças humanas porque foi condenado à morte de cruz sem ter cometido delito algum. Mesmo assim não julga nem condena ninguém. São Dimas é perdoado ainda na cruz por Jesus (Lc 23,42-43), e esse perdão se estende a todos nós (Lc 23,34).

No caso de suicida, pode tratar-se de um doente mental, esquizofrênico, ou alguém sob efeito de drogas... Mesmo com aparência de premeditada, sempre é uma morte inesperada, inexplicável, e está sujeita a trazer desespero diante das limitações da vida. O suicida pensa aliviar as suas dores e as dos que com ele convivem. A misericórdia de Deus é infinita e capaz de atingir a cada um de nós, tanto quem se foi como quem continua sua peregrinação na terra. Como José de Arimateia (Mc 15,42-7) e as mulheres que prepararam o corpo para o sepultamento, e, no amanhecer da Páscoa, foram buscar o anúncio da ressurreição (Mc 16,1-2), assim os ministros da esperança agem inflamados de amor em favor do falecido. A dor só pode ser vivida pelo parente, mas o ministro da esperança pode estar presente, não deixar a pessoa sozinha. Deus nunca apaga a chama vacilante nem rompe a cana rachada, como diz o profeta Isaías (42,3). Tomando consciência do acontecido, é necessário aceitar a morte e fazer a oblação da pessoa para viver com Deus nos céus.

Ministro: Meus irmãos e minhas irmãs, é sempre difícil perder alguém que se ama. A morte, para nós que cremos no Deus de misericórdia, é a passagem para uma vida nova e gloriosa. Como prova de nossa fé, invoquemos o Senhor que dá a vida, rogando que ele esteja conosco neste momento de dor e esperança.

Em nome do Pai, e do Filho, e do Espírito Santo. Amém.

A graça e a paz da parte de Deus nosso Pai, o amor do Senhor Jesus Cristo e a consolação do Espírito Santo estejam convosco.

Todos: Bendito seja Deus que nos reuniu no amor de Cristo.

Ministro: Vinde, ó Deus, em meu auxílio.

Todos: Socorrei-me sem demora.

Ministro: Meus irmãos, estamos aqui reunidos para rezar por este irmão que terminou sua caminhada na terra.

Oremos (pausa).

Ó Deus, que nos redimistes pela Páscoa do vosso Filho Jesus, concedei a vosso filho *N.* que, livre dos laços da morte, participe, agora, da plenitude da vida na glória do céu. Por nosso Senhor Jesus Cristo, vosso Filho, na unidade do Espírito Santo.

Todos: Amém.

Ministro: Estamos reunidos para rezar por nosso irmão *N.* que partiu deste mundo para a Casa do Pai. Para que a nossa oração seja de fé, purifiquemos nosso coração pedindo do mais fundo de nosso corpo e da nossa alma que sejam retirados os pecados que cometemos. Peçamos também que Deus perdoe as fraquezas e os pecados deste nosso irmão *N.* Ó Pai, criador dos céus e da terra, perdoai-nos quando não soubermos valorizar a vida que nos destes. Senhor, tende piedade de nós.

Todos: Senhor, tende piedade de nós.

Ministro: Jesus Cristo, Salvador da humanidade, perdoai nosso egoísmo. Cristo, tende piedade de nós.

Todos: Cristo, tende piedade de nós.

Ministro: Senhor Espírito Santo Santificador de toda a humanidade, socorrei-nos sem demora. Senhor, tende piedade de nós.

Todos: Senhor, tende piedade de nós.

Ministro: Ó Deus de bondade, perdoai as faltas deste nosso irmão falecido e todas as nossas faltas, e dai-nos a graça de viver em permanente comunhão convosco. Amém.

Liturgia da Palavra

Ministro: Vamos acolher entre nós e em nós a Palavra de Deus. Ela recorda que Jesus ressuscitou e que, nele, também nós ressuscitaremos.

Leitura da Primeira Carta de São Paulo aos Coríntios (15,12-34): "Irmãos, se os apóstolos pregam que Cristo ressuscitou dos mortos, como podem alguns dizer entre vós que não há ressurreição dos mortos? Se não há ressurreição dos mortos, então Cristo não ressuscitou. E se Cristo não ressuscitou, a nossa pregação é vã e a vossa fé é vã também. Nesse caso, nós seríamos testemunhas mentirosas de Deus, porque teríamos atestado – contra Deus – que ele ressuscitou Cristo, quando, de fato, ele não o teria ressuscitado, isso se é verdade que os mortos não ressuscitam. Pois, se os mortos não ressuscitam, então Cristo também não ressuscitou. E se Cristo não ressuscitou, a vossa fé não tem nenhum valor e ainda estais nos vossos pecados. Então, também os que morreram em Cristo pereceram. Se é para esta vida que pusemos a nossa esperança em Cristo, nós somos – de todos os homens – os mais dignos de compaixão. Mas, na realidade, Cristo ressuscitou dos mortos como primícias dos que morreram. Com efeito, por um homem veio a morte e é também por um homem que vem a ressurreição dos mortos. Como em Adão todos morrem, assim também em Cristo todos reviverão. Porém, cada qual segundo uma ordem determinada: em primeiro lugar Cristo, como primícias; depois, os que pertencem a Cristo, por ocasião da sua vinda. A seguir, será o fim, quando ele entregar a realeza a Deus-Pai, depois de destruir todo o principado e todo o poder e força. Pois é preciso que ele reine até que todos os seus inimigos estejam debaixo de seus pés. O último inimigo a ser destruído é a morte. Com efeito, "Deus pôs tudo debaixo de seus pés". Mas, quando ele disser: "Tudo está submetido", é claro que estará excluído dessa submissão aquele que submeteu tudo a Cristo. E, quando todas as coisas estiverem submetidas a ele, então o próprio Filho se submeterá àquele que lhe submeteu todas as coisas, para que Deus seja tudo em todos. De outro modo, o que pretendem aqueles que batizam em favor dos mortos? Se os mortos realmente não ressuscitam, por que se batizam por eles? E nós, por que nos expomos a perigos a toda hora? Cada dia, irmãos, me exponho à morte, tão certo como sois a minha glória em Jesus Cristo, nosso Senhor. Se foi por intenção humana que combati com feras em Éfeso, o que me aproveita isso? Se os mortos não ressuscitam, comamos e bebamos porque amanhã morreremos. Não vos enganeis: "As más companhias corrompem os bons costumes". Caí em vós, como é justo, e não pequeis porque alguns vivem na ignorância de Deus. Para vossa vergonha é que digo". **Palavra do Senhor.**

Todos: **Graças a Deus.**

SALMO 41(42)

Todos: **Do Deus vivo tem sede a minh'alma. / Quando irei contemplar sua face?**

Leitor: Assim como a corça suspira pelas águas correntes, suspira igualmente minh'alma por vós, ó meu Deus. (*Refrão*)

Leitor: Minha alma tem sede de Deus, e deseja o Deus vivo. Quando terei a alegria de ver a face de Deus? (*Refrão*)

Leitor: O meu pranto é o meu alimento de dia e de noite, enquanto insistentes repetem: "Onde está o teu Deus?" (*Refrão*)

Leitor: Recordo saudoso o tempo em que ia com meu povo ao encontro de Deus. Peregrino e feliz caminhando para a casa de Deus, entre gritos, louvor e alegria da multidão jubilosa. (*Refrão*)

Leitor: Por que te entristeces, minh'alma, a gemer no meu peito? Espera em Deus. Louvarei novamente o meu Deus Salvador. (*Refrão*)

Leitor: Minh'alma está agora abatida, e então penso em vós, do Jordão e das terras do Hermon e do monte Misar. (*Refrão*)

Leitor: Como o abismo atrai outro abismo, o fragor das cascatas, vossas ondas e vossas torrentes sobre mim se lançaram. (*Refrão*)

Leitor: Que o Senhor me conceda de dia sua graça benigna e de noite, cantando, eu bendigo ao meu Deus, minha vida. Digo a Deus: "Vós que sois meu amparo, por que me esqueceis? (*Refrão*)

Leitor: Por que ando tão triste e abatido pela opressão do inimigo?. Os meus ossos se quebram de dor, ao insultar-me o inimigo; ao dizer cada dia de novo: "Onde está o teu Deus?" (*Refrão*)

Leitor: Por que te entristeces, minh'alma, a gemer no meu peito? Espera em Deus. Louvarei novamente o meu Deus Salvador. (*Refrão*)

EVANGELHO

Aclamação ao Evangelho (1Cor 15,25-26; cf. Ap 20,13.14).

Ministro: É preciso que Jesus Cristo reine até que tenha colocado debaixo de seus pés seus inimigos, todos eles.

Todos: **Vossa Palavra, Senhor, me devolva a minha vida.**

Ministro: A morte há de ser o seu último inimigo a ser exterminado.

Todos: **Vossa Palavra, Senhor, me devolva a minha vida.**

Ministro: A morte e o seu reino devolverão todos os mortos, e a morte e o seu reino serão precipitados no lago incandescente.

Todos: **Vossa Palavra, Senhor, me devolva a minha vida.**

Ministro: Eu sou a ressurreição e a vida, diz o Senhor. Quem crê em mim não morrerá para sempre. As lágrimas são expressões da dor da perda e da saudade do falecido. Chorar pode até fazer bem a nós que choramos, mas não precisamos desesperar, porque a vida com Deus continua. E Deus está junto de nós que sofremos esta perda.

Todos: **Vossa Palavra, Senhor, me devolva a minha vida.**

Ministro: O Senhor esteja convosco.

Todos: **Ele está no meio de nós.**

Ministro: † Proclamação do Evangelho de Jesus Cristo, segundo São João 11,26-27: Jesus ficou comovido e perguntou: "Onde colocaram Lázaro?". Disseram: "Senhor, vem e vê". Jesus começou a chorar e depois disse para Marta, a irmã de Lázaro: "EU SOU a ressurreição e a vida. Quem crê em mim, mesmo que morra, viverá.

E todo aquele que vive e crê em mim, não morrerá jamais. Crês nisto?". Respondeu ela: "Sim, Senhor; eu creio firmemente que tu és o Messias, o Filho de Deus, que devia vir ao mundo". **Palavra da Salvação.**

Todos: **Glória a vós, Senhor.**

Homilia sobre a misericórdia de Deus por nos dar a salvação por meio da morte e ressurreição de Jesus, quando ainda éramos pecadores.

Ministro: Professemos nossa fé no Deus que vence a morte e dá a vida a todos nós: **Creio em Deus Pai todo-poderoso...**

ORAÇÃO DOS FIÉIS

Ministro: Oremos, irmãos e irmãs, na certeza de que nossas preces serão acolhidas pelo Pai: Senhor, vinde em nosso auxílio com a vossa misericórdia.

Todos: **Senhor, vinde em nosso auxílio com a vossa misericórdia.**

Leitor: Cristo, Filho do Deus vivo, ressuscitai para a vida eterna com os anjos e santos, na vossa glória, o nosso irmão *N*.

Todos: **Senhor, vinde em nosso auxílio com a vossa misericórdia.**

Leitor: Cristo, consolador dos aflitos, consolai hoje os que choram a morte de nosso irmão *N*.

Todos: Senhor, vinde em nosso auxílio com a vossa misericórdia.

Leitor: Cristo, vós que ressuscitastes da morte ao terceiro dia, concedei aos nossos falecidos a vida eterna no vosso Reino.

Todos: Senhor, vinde em nosso auxílio com a vossa misericórdia.

Leitor: Cristo, que prometestes preparar para nós um lugar na casa do Pai, concedei que sejamos fiéis à nossa vocação no decorrer de nossa vida e também na hora da nossa morte, e a morada nos céus aos fiéis que vos serviram na terra.

Todos: Senhor, vinde em nosso auxílio com a vossa misericórdia.

Outras intenções...

Ministro: Inclinai, Senhor Deus, vosso ouvido às preces que brotam de nosso coração, porque cremos na ressurreição do vosso Filho, ao implorarmos vossa misericórdia para com vosso filho. Aumentai nossa esperança na ressurreição do nosso irmão e colhei-o com ternura no convívio de todos os santos. Por Cristo, nosso Senhor, na unidade do Espírito Santo.

Todos: Amém.

Ministro: Maria, a Mãe de Jesus, é nossa Mãe e Mãe da Igreja. Ela experimentou a dor e o sofrimento ao longo de toda a sua vida. Quando Jesus foi injustamente perseguido, preso, condenado e morto na cruz, Maria estava ali ao lado do seu Filho. Peçamos que Maria, a Mãe do sofrimento e da esperança, interceda por nós junto a seu Filho Jesus.

Reza-se a ladainha de Nossa Senhora.

Senhor, tende piedade de nós (*bis*)
Cristo, tende piedade de nós (*bis*)
Senhor, tende piedade de nós (*bis*)
Jesus Cristo, ouvi-nos (*bis*)
Jesus Cristo, atendei-nos (*bis*)
Deus Pai do céu, **tende piedade de nós**
Deus Filho Redentor do mundo, **tende piedade de nós**
Deus Espírito Santo, **tende piedade de nós**
Santíssima Trindade, que sois um só Deus,
tende piedade de nós.
Santa Maria, **rogai por nós**.
Santa Mãe de Deus,
Santa Virgem das virgens,
Mãe de Cristo,
Mãe da Igreja
Mãe da divina graça,
Mãe puríssima,
Mãe castíssima,
Mãe sempre virgem,
Mãe imaculada,
Mãe digna de amor,
Mãe admirável,

Mãe do bom conselho,

Mãe do Criador,

Mãe do Salvador,

Virgem prudentíssima,

Virgem venerável,

Virgem louvável,

Virgem poderosa,

Virgem clemente,

Virgem fiel,

Espelho de perfeição,

Sede da Sabedoria,

Fonte de nossa alegria,

Vaso espiritual,

Tabernáculo da eterna glória,

Moradia consagrada a Deus,

Rosa mística,

Torre de Davi,

Torre de marfim,

Casa de ouro,

Arca da aliança,

Porta do céu,

Estrela da manhã,

Saúde dos enfermos,

Refúgio dos pecadores,

Consoladora dos aflitos,

Auxílio dos cristãos,

Rainha dos Anjos,

Rainha dos Patriarcas,

Rainha dos Profetas,

Rainha dos Apóstolos,

Rainha dos Mártires,

Rainha dos confessores da fé,

Rainha das Virgens,

Rainha de todos os santos,

Rainha concebida sem pecado original,

Rainha assunta ao céu,

Rainha do santo rosário,

Rainha da paz.

Cordeiro de Deus que tirais os pecados do mundo, **perdoai-nos, Senhor**.

Cordeiro de Deus que tirais os pecados do mundo, **ouvi-nos, Senhor**.

Cordeiro de Deus que tirais os pecados do mundo, **tende piedade de nós**.

Rogai por nós, santa Mãe de Deus.

Todos: **Para que sejamos dignos das promessas de Cristo.**

Ministro: Oremos. Ó Deus de infinita misericórdia, que, para a salvação dos pecadores e defesa dos infelizes, fizestes o Imaculado Coração de Maria tão semelhante em afável ternura ao Sagrado Coração do próprio Filho Jesus Cristo, fazei com que nós, que agora choramos, por seus méritos, preces e a sua intercessão, possamos sempre viver perto do coração da Mãe e do Filho, por Cristo, nosso Senhor. Amém.

Rezemos confiantes a oração que o Senhor nos ensinou.

Todos: **Pai nosso...**

Encomendação e despedida

Ministro: Com fé e esperança na vida eterna, recomendamos ao Pai de misericórdia este nosso irmão que morreu.

Momento de silêncio.

Ministro: Ó Pai de misericórdia, em vossas mãos entregamos este nosso irmão *N.* na firme esperança de que ele ressuscitará no último dia com todos os que no Cristo adormeceram. Escutai, em vossa misericórdia, as nossas preces: Abri para ele as portas do Paraíso, e a nós, que aqui ficamos, concedei que nos consolemos uns aos outros com as palavras de fé, até o dia em que nos encontraremos todos no Cristo que disse a São Dimas: "Hoje mesmo estarás comigo no Paraíso!". Por nosso Senhor Jesus Cristo, que vive e reina, na unidade do Espírito Santo.

Todos: **Amém.**

Aspergir o corpo com água benta,
invocando a Trindade Santa:

Ministro: Dai-lhe, Senhor, o descanso eterno.

Todos: E a luz perpétua o ilumine.

Ministro: Santos de Deus, vinde em seu auxílio. Anjos do Senhor, recebei-o na glória eterna. Cristo, nosso Senhor, vos acolha no Paraíso para o descanso eterno com os anjos e santos.

Todos: Amém.

Bênção final

Ministro: O Senhor nos abençoe e nos guarde.

O Senhor faça brilhar sobre nós a sua face e nos seja favorável.

O Senhor dirija para nós o seu rosto e nos dê a paz.

Que o Senhor confirme a obra de nossas mãos, agora e para sempre.

Todos: Amém.

Ministro: Louvado seja nosso Senhor Jesus Cristo.

Todos: Para sempre seja louvado.

Ministro: Vamos em paz, e que o Senhor nos acompanhe, nos guarde e proteja.

Todos: Amém.

Pode-se fazer um canto final e rezar o rosário (mistérios dolorosos).

Bênção da sepultura

*No cemitério, junto ao sepulcro, pode-se entoar
um canto antes de a urna ser colocada na sepultura.*

Ministro: Irmãos e irmãs, vamos sepultar o corpo do nosso irmão *N*. Sabemos, pela fé, que um corpo glorificado receberemos com Cristo glorioso. Entreguemos a Deus o corpo que até agora velamos, com respeito e cuidado, reconhecendo a sua dignidade na firme esperança de que *N*. ressuscitará para viver com Jesus Cristo nos céus. Oremos pedindo que Deus abençoe esta sepultura.

Momento de silêncio.

Ministro: Senhor Jesus Cristo, que ficastes três dias na sepultura e, deste modo, santificastes os túmulos dos vossos fiéis. Nós vos pedimos, ó Cristo misericordioso, que este corpo perecível seja transformado num corpo glorificado. Que este nosso irmão ressuscite e tenha a vida eterna, para que possa vos contemplar no esplendor de vossa glória, a luz eterna nos céus. Vós que sois Deus, com o Pai, na unidade do Espírito Santo.

Todos: Amém.

Aspergir o túmulo com água benta, o ministro diz:

Ministro: Na fé em Jesus Cristo, que ressuscitou como primogênito dentre os mortos e transformará o corpo deste nosso irmão à imagem de seu corpo glorioso, entregamos seu corpo para ser sepultado. O Senhor o receba na sua paz e lhe conceda a ressurreição.

Enquanto se coloca a urna na sepultura,
canta-se um salmo ou um hino.

Ministro: Confiantes na bondade de Deus, que é Pai, e solidários com os familiares de *N.*, rezemos a oração que o Senhor nos ensinou: **Pai nosso... Ave, Maria...**

Jogando terra sobre o túmulo, quem preside diz:

Ministro: Da terra fostes tirado e à terra voltais. Ó Deus, vós sois o doador da vida e o restaurador dos corpos, e atendeis as preces que fazemos em nossa tristeza pelo nosso irmão *N.* Senhor Jesus, concedei-lhe que, liberto pela morte, seja acolhido com os vossos santos e santas na felicidade do Paraíso celeste.

Colocando flores no túmulo, quem preside diz:

Ministro: As flores são sinais desta transformação da tristeza da morte em alegria da ressurreição.

Colocando a cruz junto ao túmulo, quem preside diz:

Ministro: A cruz de nosso Senhor Jesus Cristo é, para nós, sinal da nossa esperança na ressurreição.

Ministro: Oremos (pausa). Ó Pai de bondade, vossos dias não conhecem fim e vossa misericórdia não tem limites. Lembrando a brevidade de nossa vida na terra, nós vos pedimos que vosso Espírito Santo nos conduza na santidade e na justiça. E que, depois de vos servirmos na terra, possamos chegar ao vosso Reino nos céus. Por Cristo, nosso Senhor.

Todos: Amém.

Ministro: Que *N.* e todas as pessoas falecidas e sepultadas aqui, pela misericórdia de Deus, descansem em paz. Abençoe-vos o Deus todo-poderoso, o Pai, o Filho e o Espírito Santo.

Todos: Amém.

Pode-se entoar um cântico a Nossa Senhora
ou outro apropriado.

16. O ROSÁRIO POR OCASIÃO DE UM VELÓRIO

Maria, a Mãe de Jesus Cristo e nossa Mãe, tem sempre seu olhar materno voltado para nós, por isso dizemos inúmeras vezes: "Rogai por nós, pecadores, agora e na hora de nossa morte. Amém!". Maria sofreu a maior dor que alguém pode sentir, a de uma mãe que perde seu filho, que foi humilhado e morto na cruz. Mas ela estava ali de pé. Seu olhar sereno, paciente e cheio de esperança nos fortalece.

Mistérios gozosos

Pelas obras que Deus realiza em nossas vidas (segunda-feira e sábado).

Primeiro – O anúncio do arcanjo Gabriel a Maria e a encarnação do Filho de Deus.

Maria recebeu a visita e o convite do arcanjo São Gabriel para ser a Mãe do Salvador tão esperado. Seu "sim" permitiu que Jesus nascesse na terra. Rezemos esta dezena de Ave-Marias na intenção de nosso irmão falecido, pedindo que esteja no Paraíso junto de Deus.

Segundo – A visitação de Maria a sua prima Isabel, ambas grávidas.

A atitude de Maria, que se coloca a serviço da prima Isabel, também grávida e em idade avançada, deve ser a atitude de todos nós. Rezemos esta dezena de Ave-Marias na intenção da família de nosso irmão falecido, pedindo que receba a recompensa junto de Deus pelo bem praticado nesta terra, e para que tenhamos o conforto espiritual de que ele esteja bem.

Terceiro – O nascimento de Jesus, o Filho de Deus.

Por causa do recenseamento, a Sagrada Família vai à cidade natal de José, a cidade de Belém. Não há espaço nas hospedarias e Jesus nasce numa gruta, onde se recolhiam os animais à noite. Nesta terra nós nascemos também com uma missão, como o falecido *N*. Rezemos esta dezena de Ave-Marias na intenção de nosso irmão falecido, pedindo que descanse em paz junto de Deus.

Quarto – A apresentação do menino Jesus no templo de Jerusalém.

José e Maria levaram o menino Jesus para apresentá-lo, ser circuncidado e receber o nome. O profeta Simeão e a profetiza Ana reconhecem o esperado Messias Salvador. Rezemos esta dezena de Ave-Marias na intenção de nosso irmão falecido, que foi batizado com o nome de *N*., para que todos nós sejamos consolados e confortados na fé em Deus.

Quinto – A perda de Jesus com 12 anos e o encontro no templo.

Depois da festa da Páscoa, o menino Jesus fica no templo conversando com os doutores da Lei. Aflitos, os pais encontram Jesus no terceiro dia. Este responde com uma pergunta: "Não sabíeis que devo ocupar-me das coisas de meu Pai?". Rezemos esta dezena de Ave-Marias na intenção de nosso irmão falecido, pedindo que ele seja recebido na casa do Pai Eterno.

Rezemos ainda com Maria, mulher e Mãe experimentada no sofrimento: que ela olhe por nós e nos auxilie a superar estes momentos de dor e sofrimento. **Salve, Rainha...**

Mistérios luminosos

Para que consigamos seguir nos passos de Jesus (quinta-feira).

Primeiro – O Batismo de Jesus no rio Jordão.

Quando Jesus é batizado no rio Jordão por João Batista, seu primo, o Espírito, como pombo, paira sobre ele (Mc 1,10; Lc 3,22), e do céu uma voz forte é ouvida: "Este é o meu Filho Amado que muito me agrada" (Mt 3,17). Jesus é revelado por Deus Pai e o Espírito Santo para que escutemos com atenção o que ele nos diz. Rezemos esta dezena de Ave-Marias na intenção de nosso irmão falecido, pedindo que sua vida de compromisso pelo Batismo seja mérito de fé e certeza de um lugar de herança nos céus.

Segundo – Jesus transforma a água em vinho nas bodas de Caná da Galileia.

Depois de passar 40 dias no deserto, Jesus começa sua vida pública chamando os doze discípulos, e foram todos para uma festa de casamento. E faltou vinho! Jesus transformou a água em vinho a pedido de sua Mãe Maria, o primeiro sinal de muitos que acompanhavam o anúncio do Evangelho. Rezemos esta dezena de Ave-Marias na intenção de nosso irmão falecido, pedindo que sua vida na terra seja transformada nos céus e que viva em um grande banquete, ao lado de Maria, onde não mais se espera nem mais se tem necessidade da fé, mas que vivam todos de posse do que creem, no amor eterno do Pai, Filho e Espírito Santo.

Terceiro – Jesus anuncia o Reino de Deus convidando à conversão.

Na sinagoga de Nazaré, Jesus anunciou que as profecias proclamadas pelo profeta Isaías estavam se cumprindo através de suas palavras e obras. E saiu a pregar e a chamar a todos para colaborarem e serem servidores do Reino de Deus, o Reino da verdade e da vida, Reino de santidade e da graça, Reino da paz e da justiça, Reino da fé, da esperança e do amor. Rezemos esta dezena de Ave-Marias na intenção de nosso irmão falecido, pedindo que seja associado aos santos nos céus e que interceda por sua família e por todos nós que ficamos.

Quarto – Jesus se transfigura no Monte Tabor.

Com os discípulos Pedro, Tiago e João no Monte Tabor, Jesus tem seu corpo transfigurado e, ao seu lado, aparecem Moisés com as tábuas da Lei e o profeta Elias, para confirmar a missão de dar a sua vida para salvar a humanidade. Nele a morte não vencerá, manifesta-se assim a vida em forma de Luz triunfante. Rezemos esta dezena de Ave-Marias na intenção de nosso irmão falecido, pedindo que seja salvo por Cristo e tenha vida em plenitude nos céus.

Quinto – Jesus institui a Eucaristia, expressão sacramental do mistério pascal.

Ao celebrar a Páscoa, Jesus tomou o pão e o transformou em seu corpo; da mesma forma, ao final da ceia, tomou o cálice com vinho e transformou aquele vinho em seu sangue. Em seu corpo e sangue eucarísticos, Jesus continua entre nós. E pediu que, daquele dia em diante, se fizesse o mesmo ritual em sua memória. Jesus Cristo nos alimenta e fortalece, nos dá coragem para lutar pela libertação dos escravizados e por mais vida na terra, na certeza da glória eterna. Rezemos esta dezena de Ave-Marias na intenção de nosso irmão falecido, pedindo que seja associado ao banquete eterno junto dos anjos e santos nos céus, ao lado de Maria.

Rezemos ainda com Maria, mulher e Mãe experimentada no sofrimento e na dor: que ela olhe por esta família que perdeu *N.* e nos auxilie a superar estes momentos de dor e sofrimento e a transformá-los em esperança de vida nova. **Salve, Rainha...**

Mistérios dolorosos

Para que possamos nos identificar com Cristo em todos os momentos (terça e sexta-feira).

Primeiro – Contemplamos a agonia de Jesus no Jardim das Oliveiras.

Jesus foi rezar com os discípulos no Jardim das Oliveiras. Chamou Pedro, Tiago e João para ver se conseguia, com o conforto dos amigos mais próximos, vencer a tristeza e a angústia da morte. Jesus disse: "Minha alma está triste a ponto de morrer. Permanecei aqui e vigiai" (Mt 26,33). Depois, adiantou-se alguns passos, caiu com o rosto por terra, e rezou: "Meu Pai, se for possível afaste de mim este cálice. Contudo, não se faça a minha vontade, e sim a tua" (Mt 26,39). Diante da dor dos pecados da humanidade, Jesus chegou a suar sangue. Com o apoio do Pai e do Espírito Santo, conseguiu caminhar para a morte de cruz com serenidade. Rezemos esta dezena de Ave-Marias na intenção de nosso irmão falecido, e também dos demais falecidos, pedindo que estejam nas mãos do Pai, na companhia de Jesus, sob a proteção amorosa do Espírito Santo.

Segundo – Contemplamos a flagelação de nosso Senhor Jesus Cristo.

Depois de preso, Jesus é humilhado e flagelado pelas autoridades do Templo de Jerusalém. Mesmo sendo flagelado, Jesus afirmou: "Doravante vereis o Filho do Homem sentado à direita do Todo-Poderoso e vindo sobre as nuvens do céu" (Mt 26,64). Cuspiam no seu rosto, esbofeteavam-no com força e zombavam dele, dizendo: "Adivinha quem te bateu?" (Mt 26,67-68). Rezemos esta dezena de Ave-Marias na intenção de nosso irmão falecido, pedindo que esteja vivendo junto de Deus e de seus anjos e santos.

Terceiro – Contemplamos a coroação de espinhos de nosso Senhor.

Depois de preso, Jesus é injustamente condenado pelos judeus com o consentimento de Pilatos e de Herodes. Jesus é entregue aos soldados que trançaram uma coroa de espinhos, colocaram-na em sua cabeça, e na sua mão puseram um caniço e diziam: "Salve, rei dos judeus" (Mt 27,29). Rezemos esta dezena de Ave-Marias na intenção de nosso irmão falecido, pedindo que esteja livre de toda dor e sofrimentos, junto de Maria, a Mãe de Jesus e nossa Mãe nos céus.

Quarto – Contemplamos Jesus carregando penosamente a cruz até o alto do Calvário.

Depois de cruelmente flagelado, Jesus é obrigado a carregar a cruz dos nossos pecados. "Carregando ele mesmo a cruz, saiu da cidade, em direção ao lugar chamado Calvário" (Jo 19,17). "Passava por ali certo homem de Cirene, chamado Simão, que vinha do campo, e obrigaram-no a carregar a cruz" (Mc 15,12). No Calvário despojaram Jesus da túnica tecida com todo carinho por sua Mãe Maria (Mt 27,31). Rezemos esta dezena de Ave-Marias na intenção de nosso irmão falecido, pedindo que esteja vivendo no Paraíso, onde não há nem sofrimento nem dor, junto de Maria, nossa Mãe.

Quinto – **Contemplamos a crucifixão e morte de nosso Senhor, Jesus Cristo, na cruz.**

Depois de despojado de suas vestes, Jesus é crucificado. Os soldados sortearam a túnica de Jesus entre si. Da cruz, Jesus olhou para a sua mãe e disse: "Mulher, eis aí o teu filho" (Jo 19,26). Depois disse ao discípulo João: "Eis aí a tua mãe" (Jo 19,26). Às três horas da tarde Jesus gritou: "Pai, nas tuas mãos entrego o meu Espírito" (Lc 23,46). E morreu. Rezemos esta dezena de Ave-Marias na intenção de nosso irmão falecido, e também dos demais falecidos, pedindo que estejam contemplando a face amorosa do Deus Pai, Filho e Espírito Santo.

Rezemos ainda com Maria, mulher e Mãe experimentada no sofrimento e na dor: que ela olhe por esta família que perdeu *N*. e nos auxilie a superar estes momentos de dor e sofrimento. **Salve, Rainha...**

Mistérios gloriosos

Para que um dia cheguemos todos na glória dos céus
(quarta-feira e domingo).

Primeiro – A ressurreição do Senhor.

A morte não reteve Jesus na sepultura. No poder do Pai e do Espírito de Vida, ao terceiro dia, no amanhecer do domingo, Jesus ressuscitou do sepulcro. "Não vos assusteis! Procurais Jesus de Nazaré, o crucificado: ele ressuscitou, não está aqui" (Mc 16,6). Com Jesus vivemos na terra, nos tornamos seus discípulos, e com ele também ressuscitaremos. A morte será definitivamente vencida no fim dos tempos, na parusia. Rezemos esta dezena de Ave-Marias na intenção de nosso irmão falecido, pedindo que ressuscite para a vida que não tem fim com Deus.

Segundo – A ascensão do Senhor.

Jesus consolou sua Mãe Maria, Maria Madalena e os discípulos depois de ressuscitado e subiu aos céus diante da multidão de fiéis. Sentou-se à direita do Pai Eterno e de lá governa o Universo com cetro de misericórdia. Também nós nascemos de Deus e para o ceio do Pai Eterno retornaremos. Embora vivamos neste mundo por um tempo, não somos dele. "Homens da Galileia, por que ficais aí a olhar para o céu? Este Jesus, que vos foi arrebatado para o céu, há de vir do mesmo modo como o vistes partir" (At 1,11). Rezemos esta dezena de Ave-Marias na intenção de nosso irmão falecido, pedindo que esteja junto do Pai Eterno e de Jesus Cristo, em unidade com o Espírito Santo nos céus.

Terceiro – **A vinda do Espírito Santo.**

De junto de Deus Pai, Jesus assopra o Espírito Santo sobre seus discípulos e Maria, sua Mãe, e depois novamente envia o Espírito sobre a multidão dos fiéis. "Quando chegou o dia de Pentecostes, eles se achavam reunidos. De repente, veio do céu um ruído como de violento vendaval que encheu toda a casa onde eles se encontravam. Então lhes apareceu algo como línguas de fogo, que se repartiam, e pousou uma sobre cada um deles" (At 2,1-3). Também nós recebemos o Espírito Santo e é, por meio dele, que somos impulsionados a escutar e viver tudo o que Jesus disse e fez. Rezemos esta dezena de Ave-Marias na intenção de nosso irmão falecido, pedindo que esteja vivendo nesta graça do amor que circula entre o Deus Pai, Filho e Espírito Santo.

Quarto – **A assunção de Nossa Senhora aos céus.**

Depois de sua vida exemplar na terra como Mãe de Jesus, o Filho de Deus, e de permanecer de pé aos pés da cruz de seu Filho Jesus, Maria também permanece junto da Igreja nascente. Tendo terminado a sua missão, ela foi elevada aos céus de corpo e alma porque preservada do pecado pelos méritos de seu Filho Jesus Cristo. Também nós somos chamados a transformar nosso corpo de pecado e morte e entrar na glória celeste com um corpo glorificado. Rezemos esta dezena de Ave-Marias na intenção de nosso irmão falecido, pedindo que esteja em paz junto dos anjos e santos, especialmente de Nossa Senhora, assunta aos céus de corpo e alma, por quem temos devoção na terra.

Quinto – A coroação da Santíssima Virgem Maria.

Depois de dizer "sim" ao convite do arcanjo Gabriel para ser a Mãe do Salvador, Maria cantou as esperanças do seu povo: "Minha alma exalta o Senhor, e meu espírito se encheu de júbilo por causa de Deus, meu Salvador, porque ele pôs os olhos sobre a sua humilde serva. Doravante todas as gerações me proclamarão bem-aventurada, porque o Todo-Poderoso fez por mim maravilhas: Santo é o seu Nome" (Lc 1,47-49). Como Maria gerou e acompanhou como Mãe a Jesus na terra, esteve entre os apóstolos no dia de Pentecostes e, na Igreja nascente, era a servidora do Evangelho de seu Filho Jesus Cristo, assim também, ao entrar nos céus, foi coroada rainha dos anjos e santos, junto de seu Filho Jesus, o Cristo Rei do Universo. Também nós somos chamados a receber a coroa da vida, depois de combater o bom combate pela fé na missão recebida, no Batismo, de sermos profetas, sacerdotes e reis. Rezemos esta dezena de Ave-Marias na intenção de nosso irmão falecido, pedindo que seja associado aos anjos e santos nos céus, ao lado de Maria, e que interceda por sua família que ficou e por todos nós, para que um dia cheguemos a este mesmo lugar nos céus.

Rezemos ainda com Maria, mulher e Mãe experimentada no sofrimento e na dor: que ela olhe por esta família que perdeu *N.* e nos auxilie a superar estes momentos de dor e sofrimento e a transformá-los em esperança de vida nova. **Salve, Rainha...**

Creio – Símbolo dos Apóstolos

Creio em Deus Pai todo-poderoso, criador do céu e da terra. E em Jesus Cristo, seu único filho, nosso Senhor, que foi concebido pelo poder do Espírito Santo; nasceu da Virgem Maria; padeceu sob Pôncio Pilatos, foi crucificado, morto e sepultado; desceu à mansão dos mortos; ressuscitou ao terceiro dia; subiu aos céus, está sentado à direita de Deus Pai todo-poderoso, donde há de vir a julgar os vivos e os mortos. Creio no Espírito Santo, na Santa Igreja Católica, na comunhão dos santos, na remissão dos pecados, na ressurreição da carne, na vida eterna. Amém.

Salve-Rainha

Infinitas graças vos damos, ó Soberana Rainha, pelos benefícios que todos os dias recebemos de vossas mãos maternais. Dignai-vos, agora e para sempre, tomar-nos debaixo do vosso poderoso amparo e, para mais vos agradecer, vos saudamos com uma Salve-Rainha:

Salve, Rainha, mãe de misericórdia, vida, doçura, esperança nossa, salve! A vós bradamos os degredados filhos de Eva, a vós suspiramos, gemendo e chorando neste vale de lágrimas. Eia, pois, advogada nossa, esses vossos olhos misericordiosos a nós volvei, e depois deste desterro mostrai-nos Jesus, bendito fruto do vosso ventre, ó clemente, ó piedosa, ó doce sempre Virgem Maria.

– Rogai por nós, Santa Mãe de Deus! Para que sejamos dignos das promessas de Cristo.

Todos: **Amém.**

Invocação do Espírito Santo

Vinde, Espírito Santo, enchei os corações de vossos fiéis e acendei neles o fogo do vosso amor. Enviai o vosso Espírito e tudo será criado. E renovareis a face da terra.

Oremos.

Ó Deus, que instruístes os corações de vossos fiéis com as luzes do Espírito Santo, fazei que apreciemos retamente todas as coisas segundo o mesmo Espírito e gozemos sempre de sua consolação. Por Cristo, nosso Senhor. Amém.

Consagração a Nossa Senhora

Ó minha Senhora e minha Mãe, eu me ofereço todo a vós e, em prova de minha devoção para convosco, vos consagro neste dia, e para sempre, meus olhos, meus ouvidos, minha boca, meu coração e inteiramente todo o meu ser. E porque sou vosso, ó incomparável Mãe, guardai-me e defendei-me como filho e devoto vosso. Amém.

BÊNÇÃOS

Tudo foi criado por Deus. E depois que criou, Deus viu que tudo era bom. E abençoou a criação. Tudo pertence a Deus. Tudo é conduzido e, de certo modo, habitado por Deus. Ele está presente em toda parte. Em Gn 12,2 ,vemos que todo membro do povo de Deus é chamado a ser uma bênção, pois "em ti serão abençoadas todas as gentes". Quando uma pessoa pede a bênção sobre si e sobre suas coisas, é porque deseja que essa presença divina seja vivida mais conscientemente.

Toda vida cristã decorre do Batismo. E no Batismo, o principal símbolo que o constitui é o banho d'água, em que somos mergulhados e passamos a participar do seu sacerdócio, pois nos tornamos membros do Corpo de Cristo e povo de sacerdotes. Por isso, na Igreja, a água benta é sempre empregada para recordar que as promessas do nosso Batismo devem ser cumpridas.

Assim como a água dá vida à terra seca, da mesma forma, pela água do Batismo, recebemos uma vida nova, comunicada por Deus: Pai, Filho e Espírito Santo. Pelo Batismo, participamos da redenção de Jesus e recebemos o Espírito Santo. Por isso é que a gente costuma aspergir com água benta as pessoas, lugares e objetos que desejamos santificar, pois todas as realidades foram alcançadas pela redenção de Cristo e, cada vez mais, tudo deve colaborar para o cumprimento do nosso Batismo.

> O ministério da bênção está unido com o exercício especial do sacerdócio de Cristo e, conforme o lugar e as atribuições de cada um no povo de Deus [...], homens e mulheres, em virtude do sacerdócio comum cuja graça lhes foi comunicada no batismo e na confirmação, poderão, em vista da própria função (como os pais em favor de seus filhos), ou por tarefas peculiares na Igreja (como os religiosos ou catequistas em algumas regiões). A juízo do Ordinário do lugar e gozando notoriamente de bom conceito quanto ao seu preparo pastoral e à prudência no cumprimento dos próprios deveres apostólicos, celebrar certas bênçãos, de acordo com o rito e fórmulas para eles previstos conforme está indicado em cada rito.[1]

Somos todos chamados a abençoar (1Pd 3,9; Lc 6,28; Rm 12,14). Por isso, podemos conferir numerosas bênçãos (por exemplo, a bênção das refeições, a bênção dos filhos pelos pais etc.). Estes sinais sagrados possuem efeitos espirituais, obtidos pela oração de quem ministra a bênção. As bênçãos dependem da fé com que são dadas e recebidas.

Nós temos uma tradição muito bonita no Brasil, que é a da benzedura, feita, em sua maioria, por mulheres que se dedicam a dar bênçãos para as pessoas, principalmente no caso de doenças.

---

[1] *Ritual de bênçãos*, n. 18.

Essa tradição tão linda e valiosa deve ser continuada por todos nós, pois temos poder nas nossas mentes e mãos de que nem temos conhecimento. Que muitos possuem dons mais acurados que outros é um fato, mas a bênção de Deus passa de geração em geração para aqueles que o servem, de pais para filhos que os amam, e deve ser perpetuada para todo o sempre. Assim, também os ministros continuam a derramar suas bênçãos de vida por onde atuam, pois toda pessoa que quer fazer o bem pode invocar a bênção de Deus sobre pessoas, lugares e objetos, para que esta se espalhe por toda a terra.

Nos costumes aprovados pelas comunidades, geralmente a bênção compreende a acolhida com o sinal da cruz, a proclamação da Palavra e a oração, geralmente com imposição das mãos e aspersão de água benta. Aqui iremos apresentar alguns exemplos de bênção para que as graças de Deus cheguem a todos que as desejarem.

17. AS BÊNÇÃOS DE DEUS

Bênção do casal

Esta bênção pode ser realizada na comunidade (dentro de alguma celebração) ou em família. O ministro ou o próprio casal dá as boas-vindas a todos os presentes e inicia com o sinal da cruz. Esta bênção é dada principalmente por ocasião de aniversário de casamento.

Ministro: Jesus marcou presença num casamento em Caná da Galileia. Com sua presença, ele quis mostrar o apoio e a aprovação do casamento. O Matrimônio é um dos sacramentos da Igreja, e representa uma forma de viver o amor de Deus na terra, uma aliança de Deus com os casais, para gerar filhos para a sua Igreja. A aliança que marido e mulher assumem juntos é um compromisso mútuo.

Mediante o Matrimônio, Deus quer manifestar seu amor e sua presença no mundo. Quer abençoar os casais para que vivam unidos no amor, na alegria e na felicidade. Vamos, juntos, dar graças a Deus por todos os bens, para que ele conceda a este, bem como a todos os casais, fecundidade, fidelidade e paz. Que o Senhor conserve os casais unidos para que sejam cada vez mais um só coração e uma só alma.

Palavra de Deus

Ministro: O Senhor esteja convosco.

Todos: Ele está no meio de nós.

Ministro: † Proclamação do Evangelho de Nosso Senhor Jesus Cristo, segundo João 2,1-12.

Todos: Glória a vós, Senhor.

Ministro: No terceiro dia, houve um casamento em Caná da Galileia, e a mãe de Jesus estava lá. Também Jesus e seus discípulos foram convidados para o casamento. Faltando o vinho, a mãe de Jesus lhe disse: "Eles não têm vinho!". Jesus lhe respondeu: "Mulher, para que me dizes isso? A minha hora ainda não chegou". Sua mãe disse aos que estavam servindo: "Fazei tudo o que ele vos disser!". Estavam ali seis talhas de pedra, de quase cem litros cada, destinadas às purificações rituais dos judeus. Jesus disse aos que estavam servindo: "Enchei as talhas de água". E eles as encheram até a borda. Então disse: "Agora, tirai e levai ao encarregado da festa". E eles levaram. O encarregado da festa provou da água mudada em vinho, sem saber de onde viesse, embora os serventes que tiraram a água o soubessem. Então chamou o noivo e disse-lhe: "Todo mundo serve primeiro o vinho bom e, quando os convidados já beberam bastante, serve o menos bom. Tu guardaste o vinho bom até agora". Este início dos sinais, Jesus o realizou em Caná da Galileia. Manifestou sua glória, e os seus discípulos creram nele.

Depois disso, Jesus desceu para Cafarnaum, com sua mãe, seus irmãos e seus discípulos. Lá, permaneceram apenas alguns dias. **Palavra da Salvação.**

Todos: **Glória a vós, Senhor.**

O ministro explica a leitura a fim de fazer os presentes entenderem, pela fé, o sentido da celebração.

Bênção das alianças e do casal

Ministro: Abençoai, Senhor, as alianças deste casamento que em vosso nome abençoamos, para que aqueles que irão usá-las, mantendo plena fidelidade um ao outro, permaneçam na paz e na vossa vontade, e vivam sempre unidos pelo amor mútuo. Por Cristo, nosso Senhor.

Todos: **Amém.**

O ministro asperge as alianças e as pessoas presentes. Os cônjuges podem fazer uma declaração de amor e fidelidade ou também repetir a fórmula da entrega mútua das alianças: "... recebe novamente esta aliança em sinal do meu amor e da minha fidelidade".

Em seguida, o ministro estende as mãos sobre o casal enquanto reza a oração da bênção.

Ministro: Nós vos louvamos e bendizemos, Deus criador de todas as coisas, que no princípio criastes o homem e a mulher para construírem uma sociedade de vida e amor. Também vos agradecemos, Senhor, porque vos dignastes abençoar o casamento dos vossos filhos (*nomes*), para ser uma imagem da união de Cristo com a Igreja. Olhai, agora, com bondade para eles e, como lhes preservastes a união no meio de alegrias e dificuldades, assim renovai neles sempre a aliança nupcial, aumentando sempre o amor e reforçando os laços da paz, a fim de merecerem receber sempre a vossa bênção e a felicidade da vida plena em vosso Reino. Por Cristo, nosso Senhor.

Todos: Amém.

Ou...

Ministro: Nós vos louvamos, ó Deus Pai e Mãe, pelo dom concedido ao homem e à mulher de serem geradores da vida, que é o maior dom que recebemos de vós. Abençoai as mães e os pais aqui presentes. Que eles descubram vosso amor no amor dedicado aos filhos. Que pai e mãe sejam sempre carinhosos, alegres, mesmo nas dificuldades, pacientes nas horas de aborrecimentos e firmes, quando for preciso. Que possam encontrar em vós, Deus Pai e Mãe, a felicidade de servir com amor e a alegria de defender e promover a vida em todas as circunstâncias. Por Cristo, nosso Senhor.

Todos: Amém.

Reza-se o Pai-Nosso, a Ave-Maria e o Glória.

Despedida

Ministro: O Deus da aliança e do amor habite sempre na vida deste casal e dê a vocês muita paz, amor e união.

Todos: **Amém.**

Ministro: Deus nos abençoe e nos acompanhe, ele que é Pai, Filho e Espírito Santo.

Todos: **Amém.**

Ministro: Louvado seja nosso Senhor Jesus Cristo.

Todos: **Para sempre seja louvado.**

Bênção de gestante

Ministro: Irmãos, bendigamos Jesus Cristo, nosso Senhor, que se fez homem no seio da Virgem Santa Maria.[1]

Todos: **Bendito seja Deus para sempre.**

Ministro: Deus é o Senhor de toda a vida, é ele quem determina a existência de cada homem e, com a sua providência, dirige e conserva a vida de todos. Nós acreditamos que isso tem aplicação especialmente quando se trata de uma vida que será enriquecida a seu tempo, no sacramento do Batismo, com o dom da própria vida divina. É isso que se pretende exprimir na bênção da mãe antes do parto, para que a mulher aguarde com sentimentos de fé e esperança o tempo de dar à luz e, colaborando com o amor de Deus, passe

---

[1] Cf. *Ritual de bênçãos*, nn. 220-231.

a sentir desde esse momento o amor maternal pelo fruto que está produzindo.

Palavra de Deus

Ministro: O Senhor esteja convosco.

Todos: Ele está no meio de nós.

Ministro: † Proclamação do Evangelho de Nosso Senhor Jesus Cristo, segundo Lucas 1,39-45.

Ministro: Naqueles dias, Maria partiu apressadamente a uma cidade de Judá. Ela entrou na casa de Zacarias e saudou Isabel. Quando Isabel ouviu a saudação de Maria, a criança pulou de alegria em seu ventre, e Isabel ficou repleta do Espírito Santo. Com voz forte, ela exclamou: "Bendita és tu entre as mulheres e bendito é o fruto do teu ventre! Como mereço que a mãe do meu Senhor venha me visitar? Logo que a tua saudação ressoou nos meus ouvidos, o menino pulou de alegria no meu ventre. Feliz aquela que acreditou, pois o que lhe foi dito da parte do Senhor será cumprido!". **Palavra da Salvação.**

Todos: Glória a vós, Senhor.

O ministro explica a leitura a fim de fazer os presentes entenderem, pela fé, o sentido da celebração.

Oração

**O ministro estende as mãos sobre a gestante,
enquanto reza:**

Ministro: Senhor Deus, criador do gênero humano, cujo Filho, por obra e poder do Espírito Santo, dignou-se nascer da Virgem Maria para remir e salvar os seres humanos da antiga culpa. Recebei propício as súplicas que esta vossa filha vos dirige pela saúde da criança que há de nascer, e concedei que ela dê à luz tranquilamente seu filho, desde já destinado a ser um dos vossos fiéis, servindo-vos em todas as coisas para merecer a vida eterna. Por Cristo, nosso Senhor.

Todos: Amém.

**O ministro convida todos os presentes
a invocar a proteção da Virgem Santa Maria.**

Ministro: À vossa proteção nos recolhemos, Santa Mãe da Igreja. Não desprezeis as nossas súplicas nas nossas necessidades, mas livrai-nos de todos os perigos, ó Virgem gloriosa e bendita.

Todos: Amém.

Ministro: Derramai a vossa bênção sobre esta mãe e sobre o bebê que ela carrega em seu ventre e atendei-os no momento do parto, por intercessão de Nossa Senhora do Bom Parto.

*O ministro asperge com água benta as gestantes,
as crianças e as pessoas presentes. Enquanto isso,
rezam-se o Pai-Nosso, a Ave-Maria,
ou canta-se o refrão de um canto adequado.*

Despedida

Ministro: Deus, que pelo parto da Virgem Maria anunciou e deu ao gênero humano a alegria da salvação eterna, nos guarde e nos abençoe.

Todos: Amém.

Bênção da casa

Ministro: Em nome do Pai, do Filho e do Espírito Santo.

Ministro: Que a graça de nosso Senhor Jesus Cristo, o amor do Pai e a comunhão com o Espírito Santo estejam nesta casa e com todos os seus moradores.

Ministro: Queremos encontrar Deus em todos os lugares e, especialmente, em nossa casa. Pedir a Deus que abençoe nosso lar, é confiar de novo ao Senhor, por um ato livre e cheio de amor, todo o destino dessa casa. E, também, é assumir com Deus o compromisso de dar-lhe sempre o lugar, que só a ele pertence, não só nessa casa, mas principalmente no coração das pessoas que aí vivem. Deus estará aí presente, abençoando a vida, como fez desde o princípio da criação. E os moradores dessa casa viverão mais ainda na presença de Deus, nosso Pai. Vamos ouvir então a Palavra do nosso Deus.

Palavra de Deus

Ministro: O Senhor esteja convosco.

Todos: **Ele está no meio de nós.**

Ministro: † Proclamação do Evangelho de Jesus Cristo, segundo Lucas 19,1-6.9a.

Todos: **Glória a vós, Senhor.**

Ministro: Jesus entrou em Jericó e atravessou a cidade. Havia lá um chefe de publicanos, chamado Zaqueu, que era muito rico. Ele queria ver Jesus, mas não estava conseguindo, por causa do povo e porque era muito baixo. Então, ele correu mais à frente e subiu numa árvore, para ver melhor, quando Jesus passasse por ali. Jesus chegou àquele lugar, olhou para cima, e disse: "Zaqueu, desça depressa, porque hoje preciso ficar em sua casa". Ele desceu rapidamente, e o recebeu com muita alegria. E Jesus disse a Zaqueu: "Hoje a salvação entrou nesta casa". **Palavra da Salvação.**

Todos: **Glória a vós, Senhor.**

Oração

Ministro: Senhor Jesus Cristo, fazei entrar nesta casa, com nossa humilde visita, a felicidade sem fim, a alegria serena, a caridade benfazeja, a saúde duradoura. Retirem-se daqui os espíritos maus e venham aqui morar os anjos portadores da paz. Desapareça desta casa toda discórdia. Senhor, manifestai em nós o poder do vosso santo nome, e abençoai, por nossa presença, esta casa. Vós que sois Deus, com o Pai, na unidade do Espírito Santo. Amém.

Em seguida faz-se o rito da aspersão em toda a casa,
o qual pode ser executado com um ramo verde.

Ministro: Esta casa foi abençoada pela Igreja. Mas a Igreja deseja que reuniões como esta, com a leitura da Palavra de Deus, sejam encerradas com a oração de todos, na qual não pedimos só por nós, mas por todo o mundo.

a. Pela santa Igreja de Deus, para que seja na terra a casa de todos os homens, onde todos se reconheçam como irmãos e como filhos de Deus, rezemos ao Senhor.

Todos: Senhor, vinde logo em nosso auxílio.

b. Pelos ministros da Igreja, para que saibam levar aos lares dos homens a força da Palavra de Deus e a graça dos sacramentos, rezemos ao Senhor.

c. Por esta casa agora abençoada, para que a bênção de Deus permaneça sempre sobre todos aqueles que habitam debaixo deste teto e os faça viver segundo o Evangelho, rezemos ao Senhor.

d. Por todos aqueles que lutam por uma casa, para que encontrem apoio na generosidade dos irmãos na fé e na assistência dos governantes, rezemos ao Senhor.

Ministro: Bendito sejais, Deus nosso Pai, por esta casa que concedeis para habitação desta família. Que a vossa bênção permaneça sobre ela. Que o vosso Espírito Santo penetre os corações e as vidas de seus moradores, fazendo-os arder em amor por vós e pelo próximo. Todos que por aqui passarem, encontrem sempre um bom acolhimento e sejam recebidos como mensageiros de Cristo, nosso irmão. Ele, que vive e reina convosco, na unidade do Espírito Santo. Amém.

Ministro: Irmãos e irmãs, todos caminhamos para chegar um dia à casa do Pai. Vamos juntos rezar ao Pai, como nosso irmão Jesus nos ensinou. **Pai nosso...**

Ministro: Invoquemos também a proteção de Nossa Senhora. **Ave, Maria...**

Despedida

Ministro: Nosso Senhor Jesus Cristo, que viveu com a sua família em Nazaré, esteja sempre presente na vossa família, a defenda de todo mal e vos conceda a graça de permanecer unida num só coração e uma só alma para a salvação eterna. Amém.

Bênção de crianças

A bênção para estes pequeninos já começa quando os pais os ensinam a pedir a bênção todos os dias, ao se levantarem, e a resposta dos pais realiza o anunciado: "Deus te abençoe, meu filho".

O ministro estende as mãos sobre a criança, enquanto reza a oração da bênção.

Ministro: Irmãos, vamos louvar ao Senhor e render graças a ele, que abraçava as crianças e as abençoava.[2]

Todos: Bendito seja Deus para sempre.

Ministro: O Filho de Deus, nosso Senhor, quando veio ao mundo, tomou a condição de criança, crescendo em sabedoria, idade e graça diante de Deus e diante dos homens. Mais tarde, ele mesmo recebia e abençoava as crianças, chegando a propô-las como exemplo para os que buscam verdadeiramente o Reino de Deus. Mas nós sabemos que as crianças necessitam de ajuda dos adultos para chegarem ao amadurecimento humano e cristão. Vamos, portanto, invocar sobre elas a bênção divina, para que nós também possamos ocupar-nos com entusiasmo de sua educação e para que elas venham a aceitar com boa vontade os novos aprendizados.

Palavra de Deus

Ministro: O Senhor esteja convosco.

Todos: Ele está no meio de nós.

Ministro: † Proclamação do Evangelho de Nosso Senhor Jesus Cristo, segundo Marcos 10,13-16.

Todos: Glória a vós, Senhor.

---

[2] Cf. *Ritual de bênçãos*, nn. 141-143, 150.

Ministro: Algumas pessoas traziam crianças para que Jesus as tocasse. Os discípulos, porém, as repreenderam. Vendo isso, Jesus se aborreceu e disse: "Deixai as crianças virem a mim. Não as impeçais, porque a pessoas assim é que pertence o Reino de Deus. Em verdade vos digo: quem não receber o Reino de Deus como uma criança, não entrará nele!". E abraçava as crianças e, impondo as mãos sobre elas, as abençoava. **Palavra da Salvação.**

Todos: Glória a vós, Senhor.

O ministro explica a leitura a fim de fazer os presentes entenderem, pela fé, o sentido da celebração.

Oração

Ministro: Oremos. Senhor, nosso Deus, que da boca das crianças preparastes um louvor do vosso nome, olhai para estas crianças que a fé da Igreja recomenda à vossa piedade e, assim como o vosso Filho, nascido da Virgem, recebia com amor as crianças, abraçando-as e abençoando-as, e propôs o exemplo delas à imitação de todos, assim, ó Pai, derramai sobre elas a vossa bênção, a fim de que, quando crescerem, através de uma boa convivência com as pessoas e da cooperação da força do Espírito Santo, se tornem testemunhas de Cristo no mundo e saibam espalhar e defender a fé. Por Cristo, nosso Senhor.

Todos: Amém.

*O ministro impõe as mãos sobre as crianças
e asperge água benta sobre elas.*

Ministro: Que esta água renove a graça de nosso Batismo e nos faça participar da morte e ressurreição de Cristo que nos salvou.

Todos: Amém.

*Rezam-se um Pai-Nosso, uma Ave-Maria,
ou canta-se um breve refrão.*

Despedida

Ministro: O Senhor Jesus, que amou as crianças, nos abençoe e nos conserve em seu amor.

Todos: Amém.

BIBLIOGRAFIA

Ritual de bênçãos. São Paulo/Petrópolis: Paulinas/Vozes, 1990.

Ritual de exéquias. São Paulo, Paulinas, 1971.

CNBB. *Animação da vida litúrgica no Brasil*. São Paulo, Paulinas, 1989. (Documentos da CNBB, n. 43.)

_____. *Orientações para a celebração da Palavra de Deus*. São Paulo, Paulinas, 1994. (Documentos da CNBB, n. 52.)

CONGREGAÇÃO PARA O CLERO (13/08/1997), art. 12.

MIRANDA, Evaristo Eduardo de. *Agora e na hora. Ritos de passagem à eternidade*. São Paulo, Loyola, 1996.

Site

< www.corpusthomisticum.org/c1v.html > .

Aloir Pacini é padre jesuíta, possui graduação em Filosofia e Teologia, é doutor em Antropologia Social pela Universidade Federal do Rio Grande do Sul. Tem experiência na área de Antropologia, com ênfase em Etnologia Indígena, Quilombolas e Comunidades Tradicionais. Suas pesquisas focam especialmente os rituais e cosmologias. Também atua como vigário na arquidiocese de Cuiabá.

Rua Dona Inácia Uchoa, 62
04110-020 – São Paulo – SP (Brasil)
Tel.: (11) 2125-3500
paulinas.com.br – editora@paulinas.com.br
Telemarketing e SAC: 0800-7010081